CATALOGUE

de la

Bibliothèque de feu M. HENRI OTT

Avocat à Strasbourg

dont la **Vente aux Enchères** aura lieu

le 2 Décembre 1908 et les jours suivants

de 9½ heures à midi et de 2½ heures à 6 heures du soir

par le ministère de Me **A. RIFF**, Notaire à Strasbourg

assisté par M. **F. STAAT**, Libraire.

Adresser les Commandes à la **Librairie J. NOIRIEL, F. STAAT** Succ.
27, rue des Serruriers, **Strasbourg** (Alsace).

Local de la Vente:

10, Place Gutenberg

(Salle de la Société des Sciences, Agriculture et Arts de la Basse-Alsace).

Auktionslokal:

Gutenbergplatz 10

(Saal der Gesellschaft zur Förderung der Wissenschaften, des Ackerbaues und der Künste).

KATALOG

der wertvollen Bibliothek des verstorbenen

Herrn Rechtsanwaltes HENRI OTT in Strassburg

deren

Versteigerung am 2. Dezember und den darauffolgenden Tagen

jeweils von **9½—12 Uhr Vormittags** und von **2½—6 Uhr Nachmittags**

durch Herrn Notar **A. RIFF** stattfinden wird.

Bestellungen aus dem Kataloge sind zu richten an

J. Noiriel's Buchhandlung, F. Staat Nachf., Strassburg i. E.

Schlossergasse 27.

Conditions de la Vente. — Auctionsbedingungen.

La vente aura lieu le 2 Décembre 1908, et les jours suivants, de $9^1/_2$ heures à midi et de $2^1/_2$ heures à 6 heures du soir.

Il sera vendu environ 400 numéros par jour, dans l'odre du catalogue. M. Staat se réserve le droit de réunir, s'il y a lieu, plusieurs numéros en un seul lot, ou de vendre séparément les pièces composant un numéro.

L'exposition des objets aura lieu le jour de leur passage à l'enchère à parir de $8^1/_2$ heures dans le local de la vente.

Cette exposition mettant le public à même de se rendre compte de l'état des objets, il ne sera admis aucune réclamation, une fois l'adjudication prononcée.

Les adjudicataires sont tenus d'enlever immédiatement les objets dont ils se sont rendus acquéreurs.

Le prix d'adjudication est à payer comptant, avec 10 % en sus pour les frais.

Dans le cas, où au moment d'une adjudication il surgirait un différend en raison d'une mise double, l'objet sera immédiatement remis en vente.

Pour tous renseignements s'adresser à M. F. Staat, libraire, 27, rue des Serruriers, Strasbourg.

Die Auction findet statt am 2. Dezember 1908 u. den darauffolgenden Tagen, jeweils von $9^1/_2$ Uhr bis Mittag und Nachmittags von $2^1/_2$ bis 6 Uhr.

Es werden jeden Tag ca. 400 Nummern in der Reihenfolge des Kataloges versteigert. Herr Staat behält sich jedoch das Recht vor, wenn nötig, mehrere Nummern zu einem Lose zu vereinigen, wie auch einzelne Nummern in mehrere Lose zu teilen.

Die an den einzelnen Tagen zur Versteigerung gelangenden Gegenstände sind an den betreffenden Morgen von $8^1/_2$ Uhr ab im Auctionslokale zur Besichtigung ausgestellt.

Da durch diese Ausstellung Gelegenheit geboten ist, sich von dem Zustande der einzelnen Gegenstände zu überzeugen, so können Reklamationen nach erfolgtem Zuschlag in keinerlei Weise berücksichtigt werden.

Die Versteigerung geschieht gegen bare Zahlung und hat der Ersteher auf den Zuschlag ein Aufgeld von 10 % zu entrichten. Die gesteigerten Gegenstände sind sofort in Empfang zu nehmen.

Sollte durch erfolgtes Doppelgebot eine Meinungsverschiedenheit entstehen, so wird die betreffende Nummer sofort nochmals ausgeboten.

CATALOGUE

DE LA

COLLECTION D'ALSATIQUES

LIVRES ET ESTAMPES

DE FEU

M. HENRI OTT

AVOCAT A STRASBOURG.

---

1 **Achenheim.** — Forrer, Dr. R. Bauernfarmen der Steinzeit von Achenheim und Stützheim im Elsass. Mit zahlreichen Abbildungen im Text und 4 Tafeln. Strassb. 1903, in-8°, 57 p., br.

2 **Adam (l'abbé)** et Monseigneur Raess. Genève 1883, in-8°, 43 p., br.

3 **Albrecht, Elisa et Alfred.** — Blumstein. Denkschrift für Elisa Albrecht, Ehefrau des Müllers Alfred Albrecht und diesen letzteren..., Kläger, vertreten durch Advocat-Anwalt Ott u. Advocat Blumstein, gegen die Landesverwaltung des Unt.-Elsass... Beklagte, vertreten durch Advocat-Anwalt Schnéegans. Strassburg 1877, in-4°, 36 p., br. Av. Plan.

4 **Album alsacien.** Revue de l'Alsace littér., histor. et artistique. 18 mars 1838 au 6 octobre 1839. 1re et 2e années cart. en 2 vol. (79 nos avec 79 planches lith.).

5 **Alsace-Lorraine (L') après 1870.** — Adam, Mme. Non! L'Alsace-Lorraine n'est ni germain, ni germanisé. Paris (1902), in-18, 32 p., br.

6 — Farcy, Camille. Le Rhin français. Paris 1880, in-12, III—299 p., br.

7 — Frey, Bernhard. Die Zunahme des Deutschenhasses in Frankreich. Polit. Betrachtungen. Basel 1887, in-8°, 32 p., br.

8 — Gasparin, A. de. La République neutre d'Alsace. Genève 1870, in-12, XV—125 p., br.

9 — Gervais, Eduard. Der neue Bruder aus dem Elsass, oder: Die Jesuiten von Strassburg. Lustspiel in 5 Acten. Leipzig 1875, in-8°, 102 p., br.

10 — Goldenberg, A. Débats du Reichstag (Séance du 30 avril 1881). La publicité et la langue officielle des débats de la délégation d'Alsace-Lorraine. Discours. Strasb. 1881, in-8°, 15 p., br.

11 — — Manifeste électoral de M. A. Goldenberg, Député sortant. Strasb. 1881, gr. in-8°, 19 p., br.

12 — Heimweh, Jean. Le Régime des Passeports en Alsace-Lorraine. Paris 1890, in-16, II—77 p., br.

13 — Hepp, Eug. Du droit d'option des Alsaciens-Lorrains pour la nationalité française. Paris 1872, in-18, 168 p., cart. demi-perc.

14 — Lichtenberger, F. L'Alsace en deuil. Sermon prononcé à l'église de St-Nicolas, le 26 Nov. 1871. 3me édition. Strasb. 1871, in-8°, 15 p., demi-rel. chagr.

15 — Lieder des Hasses. Politische Gedichte von einem Elsässer. Genf 1871, in-8°, 20 p., br.

16 **Alsace-Lorraine (L') après 1870.** — Löning, Dr. Edg. Die Verwaltung des General-Gouvernements im Elsass. Ein Beitrag zur Gesch. des Völkerrechts. Strassb. 1874, in-12, IX—265 p., demi-rel. toile.
17 — Ott, Edm. Un mot d'histoire sur l'Alsace et Strasbourg. 496—1681, 1789, 1870—1884. Paris 1884, in-8°, VIII—78 p., br.
18 — Rappoltstein, Alf. de. L'Alsace-Lorraine 1870—1884. Bâle 1884, in-8°, 44 p., br. (2 exempl.)
19 — Recht der Wiedergewonnenen (Das). Berlin 1883, gr. in-8°, 130 p., br.
20 — Robinet de Cléry. Questions concernant la nationalité des habitants de l'Alsace-Lorraine. 2 parties. (Extr. de la „Revue crit de législation et de jurispr.") Paris 1873—1875, in-8°, 68—144 p., cart. demi-perc.
21 — Schoebel, Charles. La Question d'Alsace au point de vue ethnographique. Paris 1872, in-16, 54 p., br.
22 — Schramm, Rudolf. Kronprinzenland. (Elsass-Lothringen). Gegen Schneegans. Mailand 1878, gr. in-8°, 16 p., br.
23 — Schricker, August. Elsass-Lothringen im Reichstag, vom Beginn der ersten Legislatur-Periode bis zur Einführung der Reichsverfassung. Strassb. 1873, in-8°, VI—304 p., demi-rel. toile.
24 — Sonnette (Elsässische). 1871. Basel 1871, in-8°, 16 p., br.
25 — Thaller, E. Les Compagnies françaises d'Assurances et le Gouvernement d'Alsace-Lorraine. Paris (1881), in-8°, 62 p., br.
26 — Wendling, Emile. La voix de l'Alsace. Paris 1872, in-8°, 83 p., br.
27 — — Alsatiana, ou la princesse fidèle. Conte de fées de l'année 1881. Paris 1881, pet. in-4°, 44 p., br.
28 **Alsaciens illustres (Les).** 24 portraits en photographie (p. Ch. Winter), avec notices biographiques (p. Ch. Schmidt). (Strasbourg 1864—1866). in-8°, en 6 livr. Epuisé et rare. (La collection comprend tout ce qui a été publié).
29 **Andlau (Château d').** — Riehl, Johann. Beitrag zu der Geschichte der Berg-Schlösser und Lager-Mauern auf dem vogesischen Gebirge überhaupt und der Burg Hoh-Andlau ins besondere. Herausg. v. Franz Heinr. Vierling. Strassb. 1807, in-12, 16 p., br. (Rare).
30 **Andlau (Vallée d').** — **Vue.** — Vue de la Vallée d'Andlau. F. Bitsch del. Lith. de Fr. Wentzel à Wissembourg. Pet. in-fol. obl., av. marges.
31 **Apffel, Jean-Guillaume-Louis.** — Testament de Jean-Guill.-Louis Apffel, anc. Magistrat à Wissembourg, fait en faveur de la Ville de Strasbourg, ... Strasb. 1844, in-4°, 7 p., br.
32 **Arnold, G. D.** Elementa juris civilis Justinianei cum Codice Napoleoneo. Paris 1812, in-8°, XXIV—476 p., rel.
33 **Aubure.** — (Mäder, A. Th. u. J. F. W. Schmidt). Geschichtl. Bericht über die Wiederherstellung der Pfarrei und Schule zu Altweyer, im Oberrhein. Strassburg 1829, in-8°, 48 p., br. (2 ex.)
34 **Aufschlager, Joh. Fried.** Das Elsass. Neue historisch-topogr. Beschreibung. Strassburg 1825, 2 vol. in-8°, demi-rel. veau anc. Mit 9 Abbildungen, 2 Landkarten u. 1 Plan.
35 **Aufschlager, Jean-Frédéric.** — **Portrait,** in-8°, buste, en méd. oval, J. D. Beyer fecit, lith. de G. Engelmann. (Pl. de la „Galerie alsacienne").
36 **Baden-Baden.** — L'Illustration de Bade. Journal artistique et littéraire. 1re et 2e années. Saison de 1858 et 1859. Strasb., pet. in-fol. 2 vol., cart. orig. Av. gravures.
37 **Ballon de Guebwiller.** — Grad, Ch. Autour du Grand-Ballon. Thann, Gebwiller, Ribeauvillé. (Extr. du „Tour du Monde"). Paris 1888, in-4°, 96 p., cart. toile rouge orig.
38 **Ban-de-la-Roche.** — Roehrich, Mme E. Le Ban-de-la-Roche. Notes historiques et souvenirs. Strasb. 1890, in-12, 224 p, demi-rel. perc. Orné de 2 portr., 3 vues, des autogr. et une carte.

39 **Ban-de-la-Roche.** — Stoeber, Ehrenfr. Steinthäler Gedichte. Strassburg 1830, in-24, VII—40 p., titre lithogr., br.

40 — **Vues.** — Müller, Th. et E. Simon. Vues du Ban-de-la-Roche et des environs. Strasbourg 1837, 19 planches lith., en 1 vol. in-fol., cart. demi-toile.

41 **Baquol, Jacques.** L'Alsace anc. et moderne, ou Dictionnaire ... du Haut et du Bas-Rhin. 2e édit. Strasb. 1851, in-8o, XII—556 p., demi-rel. perc. Av. 4 pl. d'armoiries, 6 pl. de monnaies et 1 carte.

42 **Baquol.** — Compte rendu du procès des enfants Baquol devant le Tribunal civil de Strasbourg et la Cour impériale de Colmar. Strasb. 1858, in-8o, 16 p., br.

43 **Bardot, Georges.** La question des dix villes impériales d'Alsace depuis la paix de Westphalie jusqu'aux arrêts de „réunions" du conseil souverain de Brisach 1648—1680. („Annales de l'Université de Lyon"). Paris et Lyon 1899, gr. in-8o, 295 p., br.

44 **Barr.** — Chauffour. Affaire de la ville de Strasbourg, contre les communes de Barr, Heiligenstein, Goxwiller, Gertwiller et Burgheim. (Extr. du „Journal des arrêts de la Cour de Colmar"). Colmar, s. d., in-8o, 54 p., br.

45 — (Raspieler). Mémoire pour le maire de la ville de Strasbourg, contre les maires des ville et villages de Barr, Heiligenstein, Goxweiler, Gertweiler et Burgheim. (Strasb. 1826), in-4o, 189 p., br.

46 — Kentzinger, de. Observations sur les notes distribuées le 18 août 1826, pour la ville de Barr et autres communes, contre la ville de Strasbourg. Strasb. 1827, in-4o, 31 p., br.

47 — (Raspieler). Second mémoire pour le maire de la ville de Strasbourg, contre les maires de Barr, Heiligenstein, Gertweiler, Goxweiler et Burgheim. Strasb. (1832), in-4o, 449 p., br. (Dos cassé).

48 — Mémoire historique des cinq communes. S. l. ni d. (1832), in-4o, 32 p., br. (Sans titre).

49 — Résumé des moyens des communes de Barr, Heiligenstein, Gertwiller, Goxwiller et Burgheim, et courte réponse au dernier mémoire de la ville de Strasbourg. Strasb. (1834), in-4o, 48 p., br.

50 — **Vue** de la ville de Barr. Monogr. J N K. (J. N. Karth), lith. de Engelmann. In-8o obl., av. marges.

51 **Bartholmess, Christian.** — Matter. La vie et les travaux de Christian Bartholmess. Discours prononcé le 11 Nov. 1856. Strasb. 1856, in-8o 43 p., demi-rel. chagr.

52 **Bautain, L.** — **Manuscrit.** — Ott, Ch. Aug. Cours du Professeur Bautain. Faculté des Lettres. In-8o, 47 p., br.

53 **Bautain, Louis-Eugène-Marie.** — **Portrait.** — L.-E.-M. Bautain, Prédicateur de la Cathédrale de Strasbourg. In-4o, à mi-corps, de face, dans un ovale encadré. Dess. et lith. p. Th. Mainberger, Lith. de M. F. Boehm. Sans marges.

54 **Beati Rhenani** Selestadiensis rerum germanicarum libri tres, . . . Argentor. 1610, in-18, XXXVI—748—LXXXVIII p., demi-rel. chagr. rouge, dos orné.

55 **Bebel, Balthasar.** — Horning, W. Dr. Balthasar Bebel, Professor der Theologie und Münsterprediger zu Strassburg im 17. Jahrh. Mit einem Brustbilde. Strassb. 1886, in-8o, VII-66 p., br.

56 **Belfort.** — Pélot, P. Notice sur la place de Belfort. Petit essai sur le rôle des Fortifications de cette place. Belfort 1886, in-8o, 24 p., br. Avec un plan.

57 — **Plan.** — Befort im Elsass und zwar im Sundgau gelegen. G. Bodenehr fec. et exc. Pet. in-fol. obl., av. marges. Lég. allemande.

58 — Viellard, Léon. Documents et Mémoire pour servir à l'histoire du territoire de Belfort (Haut-Rhin franç). Besançon 1884, gr. in-8o, XI—548 p., demi-rel. perc.

59 **Belfort. — Gravure.** — Le Libérateur du Territoire (Séance de la Chambre des Députés du 17 juin 1877). Peint par J.-A. Garnier, Phot. Goupil et Cie. Photographie en pet. in-fol. obl., av. Calque descriptif.
60 **Belmont.** — „Belmont". Lith. par Th. Müller. Lith. de Simon fils. (Pl. des „Vues du Ban-de-la-Roche"). Gr. in-8° obl., av. marges. (B).
61 **Benoit, Arth.** Essai historique sur le divorce en Alsace-Lorraine (1792—1815). Mulhouse 1881, in-16, 19 p., br.
62 **Berckheim, de.** — Souvenirs d'Alsace. Correspondance des demoiselles de Berckheim et de leurs amis . . ., avec une préface de M. Ph. Godet. Neuchâtel, 1889. 2 vol. in-18, demi-rel. perc. Illustré de 4 portraits.
63 **Bernard, Frédéric.** De Strasbourg à Bâle. Av. 1 carte du chemin de fer. Ouvrage ill. de 50 vignettes dess. d'après nature. Paris 1854, in-18, XII—79 p., demi-rel. chagr.
64 **Berneaud, Daniel-Théophile.** — Kurtz, C. G. W., et Roissac. Discours prononcés le 14 août 1843, à l'occasion de l'inauguration du monument érigé à la mémoire de M. Daniel-Théoph. Berneaud, Prof. au Gymnase prot. de Strasbourg. Strasb. 1843, in-8°, 32 p., br.
65 **Bernhœft, Ch.** Strasbourg, Metz et les Vosges. 150 vues phototypiques reproduites d'après nature, av. le concours du Club vosgien. Commentaire du Dr. Jean Luthmer. Texte franç. et allem. Strasbourg 1894, pet. in-fol. obl., non relié, av. emboitage orig.
66 **Bernstein. — Vue.** — Ruines du château de Bernstein. Lith^e par Sandmann, lith. de Simon fils. Gr. in-8° obl. Av. marges. (Pl. de „l'Album alsacien").
67 **Berryer, Pierre-Antoine.** — Fleurent, J. B. Berryer à Colmar. (Mars-Mai 1864). (Extr. de la „Revue d'Alsace"). Rixheim 1901, gr in-8°, 23 p., br.
68 **Berstett, Aug. Frhr. von.** Versuch einer Münzgeschichte des Elsasses. Av. le supplément: Nachtrag als Ergänzung und Berichtigung zum Versuch einer Münzgeschichte des Elsasses. Freiburg i. B. 1840—1844. 2 vol. in-4°, VIII—100—23 p., demi-rel. chagr. Av. 14 et 3 pl. grav. sur cuivre. (Petites taches de rousseur).
69 **Beschreibung** (Statistische) von Elsass-Lothringen. I. Abtlg. Strassb. 1878. gr. in-8°, 184 p., br.
70 **Beyckert, Jean-Philippe.** — Blessig, Prof. Leben des sel. Herrn Johann Philipp Beyckert, D. u. Prof. der Theol., Vice-Präses E. E. Kirchen-Konvents etc. Strasb. 1787, in-12, 87 p., cart. Av. portr. silhouette.
71 **Biblenheim.** — Walter, L. Un village disparu. Monographie de Biblenheim. Avec un appendice sur le Haut-Haguenau. Molsheim 1890. in-8°, 122 p., br.
72 **Bibliographe Alsacien (Le).** Gazette littéraire, historique, artistique. Fondé et publié par Charles Mehl. Strasb. 1863—69. 4 vol. in-8°, br. (Exemplaire neuf, sur papier de Hollande, non coupé.
73 **Biccius, Grég. — Portrait.** — Biccius Gregorius. Prof. pandectar ordin. Universitatis Argentoratensis etc., natus 1603. In-8°, buste tourné à droite, dans un oval, lég. et 6 vers lat., P. Aubry sculpsit.
74 **Billing.** Geschichte und Beschreibung des Elsasses und seiner Bewohner von den ältesten bis in die neuesten Zeiten. Basel 1782, in-12, LVI—371 p., br. Av. 1 carte.
75 **Bischwiller.** — Bourguignon, Dr. Eug. Bischwiller depuis cent ans. Bischwiller 1875, in-8°, VIII—367 p., demi-rel. perc. Av. la vue du château.
76 — Culmann, F. W. Geschichte von Bischweiler, nebst einer statist. Darstellung d. heut. Zustandes dieses Ortes. Strasb. 1826, in-8°, 152 p., br. (Sans vue et plan).
77 — **Vue.** — Bischweiler. **Dessin au crayon** par G. Schmidt, 19 juillet 1845. In-8°, obl., av. marges.

78 **Bitche.** — Irle, Herm. Die Festung Bitsch. Mit 1 Ansicht. Strassb. 1888. In-16, 48 p., br. (2 ex.)

79 **Bitche (le Comté de).** — Thilloy, J. Les Ruines du Comté de Bitche. Metz 1862, in-8°, 80 p., br. (Extr. des „Mémoires de l'Acad. impér. de Metz").

80 **Blessig, Joh. Lor.** Friedenspredigt auf Verordnung der Regierung in Gegenwart der Obrigkeit und der Kriegs-Hauptleute der Vaterstadt, den 26. Juni 1814 vor der Prediger Gemeine gesprochen. Strassb. (1814), in-8°, 27 p., demi-rel. chagr.

81 — Discours sur la paix des peuples et la liberté des consciences. Prononcé à Strasbourg à l'Eglise neuve des Protestants de la Confession d'Augsbourg . . . . le 19 floréal X. Traduit de l'allemand. Strasb. (an X), in-4°, 31 p., demi-rel. chagr.

82 **Blessig, Jean-Laurent.** — Blessig's Todtenfeyer. Elegie. Strassb. 1816, in-4°, 7 p., br. (2 ex. de tirages diff.)

83 — Fritz, C. M. Leben Dr. Joh. Lorenz Blessig's. Strassburg 1818. 2 vol. in-8°, XVI—277—344 p., br. Av. portr. gravé par C. Guérin.

84 — Riff, Fr. Das Vater Unser, oder Dr. Blessig während der Schreckenszeit. Strassb. 1883, in-8°, 155 p., cart.

85 — **Portraits.** — Blessig, Joh. Laur., D. et Prof. Theol., aetatis 65. In-fol., buste tourné à droite, dans un oval, dess. d'après nature et gravé par Ch. Schuler, en 1812. Superbe épreuve à toutes marges.

86 — — Jean-Laurent Blessig, Docteur et Professeur en Théologie, Prédicateur à l'église du Temple neuf, né le 15 Avril 1747, mort le 17 Février 1816. In-fol., à mi-corps, tourné à gauche. Lith. par Ch. Aug. Schuler, Lith. de Simon fils. A gr. marges.

87 **Blœchel.** — Dem Tempel des Ehebundes; eine Allegorie gewidmet dem Freunde Blöchel und seiner Engel'ischen Braut, am Tage ihrer Vermählung den 1. May 1811. Strassb. (1811), in-8°, 8 p., br.

88 **Blum-Auscher et North.** — **Planche-charge**: MM. Blum-Auscher et North, dans leur bureau, s'entretiennent de la proscription des compagnies françaises en Alsace de le façon suivante: „Le seul moyen de laisser l'argent dans le pays, c'est de le faire entrer dans nos caisses avec l'Assurance qui nous distingue". In-4°.

89 **Boch, Ch.** — **Portrait.** — Ch. Boch, né à Strasb. le 29 Mars 1824. (Assemblée nat., Galerie des Représentants du peuple, 1849. Bas-Rhin). In-8°, à mi-corps, lith. d'après nat. par Patout, impr. Lemercier, E. Desmaisons direxit. Belle épreuve s. Chine, à toutes marges.

90 **Bœckel, Johannes.** — Gebete und Reden bei der Beerdigung von Johannes Bœckel, kirchlichem Inspektor, Pfarrer an der Kirche Alt-St.Peter, gehalten den 12. Mai 1849. Strassb. 1849, in-8°, 32 p., br.

91 **Bœckel, Sophie-Henriette.** — Reden bei der Beerdigung von Sophie-Henriette Bœckel, geb. Frantz, gehalten den 9. Januar 1845. Strassb. 1845, in-8°, 15 p., br.

92 **Bœckel, Théodore.** — Spach, L. Théodore Bœckel. (Extr. de „l'Impartial du Rhin"). Strasbourg (1869), in-8°, 16 p., br.

93 **Bœckler, J.** — Flach, J. Mémoire en réponse pour MM. Ad. Picard . . . et Victor Thierry, Avoué, les deux domiciliés à Colmar, en qualité de syndics définitifs de la faillite du sieur J. Bœckler, négociant à Colmar . . . contre MM. Léopold Sée fils et Cie, Banquiers . . . et aussi contre MM. Abraham Sée et fils, Banquiers . . . Strasb. 1872, in-4°, 24 p., br.

94 **Bœgner, Charles-Henri.** — Erinnerung an Carl Heinrich Bœgner, Ehrenprofessor am Prot. Gymnasium zu Strassburg. Strassb. 1882, in-8°, 23 p., br.

95 **Bœse, Carl.** Erinnerungen eines Deportierten aus Strassburg von Anno 1851. Gezwungene Reise nach Afrika in lustigen Versen erzählt. Mit Illustrationen v. Fr. Weiss. Strassb. 1882, in-18, XXIV—143 p., br.

96 **Bouxwiller.** — Décret impérial du 26 nov. 1863 sur le litige entre le Directoire de la Confession d'Augsbourg et l'Hospice de Bouxwiller. Strasb. 1864, in-fol., 8 p., br.

97 **Boyer, X.** Le Champ du Mensonge en 833. Mémoire présenté à l'Académie des sciences et belles-lettres, au concours des antiquités de la France pour 1861. (Extrait de la „Revue d'Alsace"). Colmar 1862, in-8°, 64 p., cart.

98 **Brand, Jean-Daniel.** — **Portrait.** — Joh. Dan. Brand, des geh. Regiments der Herren dreyzehen in Strassburg, geb. den 29. Dez. 1633, gest. den 15. Jan. 1700. In-fol., à mi-corps, en méd. oval, av. encadr. orné, armoiries. (Seupel). (Remonté).

99 **Brant, Sébastien.** — **Portrait.** — Sébastien Brant. In-4°, buste à droite, par Flaxland, lith. de Simon fils, se vend chez Bernard . . . . à Strasbourg. Epreuve sur Chine, à gr. marges.

100 **Braunwald, Emmanuel.** — Zur Erinnerung an Emmanuel Braunwald, Präsident des Consistoriums und Pfarrer der Kirche St. Thomä. Reden bei der Beerdigung den 29. Sept. 1864. Strassb. 1864, in-8°, 23 p., br.

101 **Breitenstein.** — Benoit, A. Le Breitenstein (Grande Pierre). (Les Druides, l'Empereur Frédéric III, le général Hoche). Metz 1883, in-8°, 11 p., br. Avec 1 carte. (Extrait des „Mémoires de l'Académie de Metz").

102 **Brion, G.** — **Gravure.** — Intérieur breton. Eau-forte 1858. Imp. F. Chardon aîné. In-4°, av. marges.

103 **Brisach.** — **Carte.** — Alt- und Neu-Breysach mitt dero Gegend auff 6 Stunden inc[a]. Augspurg, Gabriel Bodenehr fecit et exc. Pet. in-fol. obl., av. marges.

104 **Brisach (Vieux-).** — Coste, A. Notice historique et topographique sur la ville de Vieux-Brisach. Mulhouse 1860, in-8°, 344 p., demi-rel. chagr. Av. 1 vue lithogr. et 2 plans.

105 **Brodbeck, Jean-Thiébaut.** — Thieriet. Plaidoyer pour le Curé de Muttersholtz et de Baldenheim, contre le Journal d'Alsace... Strasb., s. d. (1843), in-8°, 72 p., demi-rel. chagr.

106 **Bruckner, Auguste.** — **Portrait.** — Auguste Bruckner, né à Strasb., le 8 Févr. 1814, Capitaine d'Artillerie. (Assemblée Nationale. Galerie des Représentants du peuple, 1848, Bas-Rhin). In-4°, buste, lith. d'après nat. par Patout, impr. Lemercier, E. Desmaisons direxit. Epreuve sur Chine, à toutes marges, (Taches de rousseur).

107 **Brully, Pierre.** — Paillard, Charles. Le Procès de Pierre Brully, successeur de Calvin comme ministre de l'église franç. réformée de Strasbourg. 1544—1545. Paris et La Haye 1878, in-8°, VII—175 p., br.

108 **Brumath.** — Ring, Max. de. Les Tombes celtiques de la Forêt de Brumath. Rapport présenté au Comité de la Société pour la conservation des monuments historiques d'Alsace. Strasb. 1858, in-8°, 11 p., br. Avec 1 planche. (Extrait du „Bulletin" de la dite Société).

109 **Brunner, Jean-Daniel.** — Reuss, Rud. Mag. Johann Daniel Brunner. Ein Lebensbild.... (1756 - 1844). Strasb. 1894, in-12, 56 p., br. Av. portrait en photolith.

110 **Bulletin de la Société pour la conservation des monuments historiques d'Alsace:**
1re série, T. 1 à 4. Strasb. 1857 à 1861. 4 vol. in-8°, demi-rel. chagr.
2e „ T. 1 à 12. Strasb. 1863 à 1886. 13 vol. gr. in-8°, même rel.
T. 13 à 21 I, 22 I. Strasb. 1887 à 1904, en vol. br.
Collection bien complète du commencement jusqu'en 1904.

111 **Calmet, Dom Augustin.** — (Dom Fangé). La Vie du très-révérend père D. Augustin Calmet, abbé de Senones; avec un Catalogue raisonné de tous ses ouvrages, tant imprimés que manuscrits etc. Senones 1762, in-8°, VIII—518 p., demi-rel. chagr., non rogné.

112 **(Candidus, Carl Aug.)** — Gedichte eines Elsässers, mit musikalischer Zugabe., Strassburg 1846, in-24 et in-8° obl., VIII—187 p., br.

113 **Caron, Augustin-Joseph.** — Liechtenberger, L. Courtes réflexions à l'appui du pourvoi en révision formé par Augustin-Joseph Caron . . . (Strasb., s. d.), in-4°, 12 p., br.

114 **Carondelet.** Verwandlungs-Tabellen, worin sowohl die alten Masse mit den neuen, als auch die neuen mit den alten Massen verglichen werden. Strassb., im J. X, in-8°, XVIII—125 p., cart.

115 **Cartes.** — Département du Bas Rhin divisé en 4 districts et en 30 cantons. Se vend à Paris au dépot de l'Atlas National. Pet. in-4°, col., av. marges.

116 — Carte du département du Bas-Rhin, Strasb., chez E. Simon. 1 feuille en noir de 65/48,5 cm, entourée de vues et portraits.

117 — Carte du département du Haut-Rhin, Strasb., chez E. Simon. 1862. 1 feuille en noir de 65/48 cm, entourée de vues et portraits.

118 **Cassal, Charles. — Portrait.** — Charles Cassal, né à Altkirch (Haut-Rhin), le 1er avril 1818. (Assemblée Nationale. Galerie des Représentants du peuple, Législative, 1849, Haut-Rhin). Gr. in-8°, à mi-corps, tourné à droite, lith. d'après nature, impr. Lemercier, E. Desmaisons direxit, à toutes marges. Sur Chine.

119 **Cazeaux, L.** Essai sur la conservation de la langue allemande en Alsace. Strasbourg 1867, in-18, 44 p., demi-rel. chagr.

120 — Même plaquette, br.

121 **Cerfberr de Médelsheim, A.** Biographie alsacienne-lorraine. Paris 1879, in-12, 327 p , br.

122 **Charles X.** — Fargès-Méricourt, P. J. Relation du voyage de S. M. Charles X en Alsace. Strasbourg 1829, in-4°, 184 p., demi-rel. chagr., non rogné. Av. 12 pl. lith. et 1 carte. (Taches de rousseur et raccommodages).

123 **(Chauffour l'aîné, J.-B.)** Histoire d'Alsace. Traduction abrégée de Schœpflin. Colmar 1825 à 1829. 4 vol. in-12, demi-rel. perc.

124 — Des domaines engagés, soit sous les empereurs d'Allemagne, soit sous la couronne de France, etc. Strasbourg 1830, in-8°, 47 p., br.

125 **Chauffour, Ign.** Mémoire au conseil de discipline de l'ordre des avocats au sujet d'une contestation soulevée par M. l'avocat-général Chassan. Colmar 1839, in-8°, 16 p., br.

126 **Chauffour, Ignace.** — Ignace Chauffour. Souvenirs d'un ami. (Extr. des „Affiches alsaciennes"). Colmar 1880, in-12, II—89 p., br. Av. 1 portr.

127 **Chemins de fer.** — Grosseteste, M. W. Chemin de fer de Mulhouse à Thann, inauguré le 1er septbr. 1839. Notes et documents présentés à la Société Industrielle de Mulhouse. Mulh. 1889. 1 vol. gr. in-8°, br. Av. planches lith.

128 **Club vosgien.** — Jahrbuch für Geschichte, Sprache und Literatur Elsass-Lothringens, herausg. v. Vogesen-Club. Jhrg. III, IV, VI, VII, VIII, X, XII, XIV à XXI. Strassb. 1887—1905. 15 vol. in-8°, br.

129 — Mitteilungen aus dem Vogesenclub. Nos 20, 21, 23, 24, 29, 30, 33 à 39. Strassb. 1887 à 1905, 13 Nos in-8°, br.

130 **Colbert. Charles.** — Un Mémoire de l'Intendant Colbert sur l'Alsace. 1663. Belfort 1895, in-8°, 43 p., br.

131 **Colmar.** — Billing, Sigmund. Kleine Chronik der Stadt Colmar, her. v. A. Waltz. Colmar 1891, in-8°, VII—374 p., demi-rel. perc. Mit Abbildungen.

132 — Chauffour, Syndic. Mémoire pour les Préteur royal et Magistrats de la ville de Colmar, contre les quatre Notaires royaux établis à la suite du Conseil Souverain d'Alsace. Colmar, s. d., in-4°, 35 p., dérel.

133 — **Dialecte colmarien** — Hanc, G. Uns'r Ferdinand. Luschtspeel in 2 Acte. Mit ere Deck'dezeichnung vo J. J. Waltz. Strassb. 1900, in-8°, 102 p., br.

134 — — Henry, Victor. Le Dialecte alaman de Colmar (Haute-Alsace) en 1870. — Grammaire et Lexique. Paris 1890, in-8°, XIV—244 p., br.

135 **Colmar.** — Foltz, Ch. Souvenirs historiques du vieux Colmar; suivis d'une courte notice biographique des hommes distingués de cette ville. Colmar 1887, gr. in-8°, IV—423—VII p., br. Av. nombr. planches.

136 — Hild, J. Ch. Essai sur les origines du protestantisme à Colmar. Strasb. 1865, in-8°, 35 p., br. (Thèse).

137 — Hunkler, Th. F. X. Geschichte der Stadt Colmar und der umliegenden Gegend. Colmar 1838, in-12, 527 p., demi-rel. perc. Avec le plan de la ville et un répertoire manuscr.

138 — Huot, Paul. La Commanderie de Saint-Jean à Colmar. Etude historique (1210—1870). Colmar 1870, in-8°, 106 p., demi-rel. perc.

139 — Kaeppelin, R. Colmar de 1814 à 1871. Récits d'un Vieux Colmarien. Paris 1889, in-12, VI-305 p., br.

140 — (Lerse, Fr.) Geschichte der Reformation der ehemaligen Reichsstadt Colmar und ihrer Folgen bis 1632. (1re édit.) (Berlin) 1790, in-8°, 142 p., br. (Cette 1re édit. est très rare).

141 — — Même ouvrage. 2. Auflage (rééditée par J. Liblin). Mülhausen 1856. gr. in-8°, 96 p., br.

142 — Mossmann, X. Contestation de Colmar avec la cour de France (1641—1644). (Extr. de la „Revue de l'Est"). Colmar 1869, gr. in-8°, 27 p., br.

143 — — Le moulin des Trois-tournants. — L'Hôtel de Corberon. Deux études. (Extr. du „Journal de Colmar"). Colmar 1886, in-8°, 39 p., br. Av. 1 pl.

144 — **Musée Schongauer.** — Fleurent, Jos. Der Isenheimer Altar und die Gemälde Grünewalds. (Sonderdruck aus d. „Mitteilungen d. Schongauer-Gesellschaft"). Colmar 1903, in-8°, 44 p., br. Mit 14 Lichtdrucktafeln.

145 — — Goutzwiller, Charles. Le Musée de Colmar. Martin Schongauer et son école. 2e édition. Colmar et Paris 1875, gr. in-8°, V—158 p., demi-rel. toile. Avec 26 gravures.

146 — Schlumberger, C. Etude sur quelques institutions judiciaires de l'Alsace, et plus particulièrement de Colmar, au moyen âge. Discours. Colmar 1867, in-8°, 30 p., demi-rel. chagr.

147 — Schmutz, Dom. Chronique du serrurier Dominique Schmutz de Colmar 1714—1800, trad., annotée et publ. par J. Liblin. (Extr. de la „Revue d'Alsace"). Mulhouse 1874, gr. in-8°, XI—131 p., demi-rel. toile. (Tiré à 100 exemplaires).

148 — Ursteis. Annales des Dominicains de Colmar, publiées en MDXXCIV, trad., comm. et augm. par L. W. Ravenez. Colmar 1846—1847, in-8°, 82 p., br.

149 **Conseil Souverain d'Alsace.** — Recueil des édits, déclarations, lettres patentes, arrêts du Conseil d'Etat et du Conseil Souverain d'Alsace, ordonnances et règlemens concernant cette province. Av. des observations par M. de Boug. 1657—1770. Colmar 1775. 2 vol. in-fol., rel. bas. anc., dos ornés, tr. rouges.

150 **Coste**, A. L'Alsace romaine. Etudes archéologiques. Mulhouse 1859, in-8°, 135 p., cart. Av. 2 cartes.

151 **Costumes d'Alsace.** — Costumes et Coutumes d'Alsace. Texte p. A. Laugel. Planches et dessins par Ch. Spindler. Strasb. 1902, in-fol., XI—300 p. de texte et 61 pl. color., demi-rel. chagr. noir.

152 — Ganier, H. Costumes des régiments et des milices recrutés dans les anciennes provinces d'Alsace et de la Sarre . . . pendant les 17e et 18e siècles. Epinal 1882, in-fol., XI—121 p., plus notes et table. Av. 20 pl. chromolith. Rel. toile grise orig.

153 **Costumes badois. — Gravure.** — Lallemand, C. „O, schen, brav, apport — Feldmann!" Lithogr. Strasb., impr. G. Silbermann, in-4°, épreuve sur Chine. à gr. marges. (Sujet de chasse).

154 **Craufthal.** — Craufthal. Excursion de la Chorale du 17 Juin 1877, Strasbourg 1877, in-12, 42 p., br. Av. fig. et planches.

155 **Cuvier, Frédéric.** — Discours prononcés aux obsèques de M. Frédéric Cuvier, inspecteur général des études . . . décédé à Strasbourg le 17 juillet 1838. Strasb. 1838, in-12, 24 p., br.

156 **Dabo.** — Beaulieu, Dugas de. Le Comté de Dagsbourg aujourd'hui Dabo (ancienne Alsace). Archéologie et histoire. 2e édition. Paris 1858, in-8°, 328 p., br. Av. 7 planches.

157 — Colle. Notice sur le comté de Dabo. Sarrebourg 1852, gr. in-8°, 60 p., br.

158 **Dagobert (les Rois).** — Coccius Jodocus. Dagobertus rex Argentinensis episcopatus fundator prævius. Molshemii 1623, in-4°, 262 p. plus préface et index msc., écrit. de l'époque, demi-rel. chagr. rouge. (Très rare).

159 — Henschen God. De tribus Dagobertis, francorum regibus, diatriba. Antverpiae 1655. 1 vol. pet. in-4°, pl. rel. parch.

160 **Dangkrotzheim, C.** Das heilige Namenbuch, herausgegeben mit einer Untersuchung über die Cisio-Jani von Karl Pickel. Strassb. 1878, in-8°, VII—124 p., br. („Els. Litter.-Denkmäler aus dem 14.—17. Jahrh." Bd. I.)

161 **Delbos, Jos., et Jos. Koechlin-Schlumberger.** Description géologique et minéralogique du dépt. du Haut-Rhin. Mulhouse 1866—1867. 2 vol. in-8°, demi-rel. chagr. Av. 4 planches et 1 carte montées sur toile, dans une boîte genre demi-rel. chagr.

162 **Délégation d'Alsace-Lorraine.** — **Vue photographique** d'une séance du „Landesausschuss" faite par S. Gerschel ainé. In-fol. obl., sur carton blanc.

163 **Dialecte alsacien.** — Abel, H. K., et R. Prévôt. D'Waldmühl. E-n-elsassisch Volksstück in 3 Akt. Mit Zeichnungen von Leo Schnug. Strassb. 1901, in-12, 104 p., br.

164 — Bastian, Ferd. D'r Millionegartner. Volksschauspiel in 3 Aufzügen in elsässer Mundart. Strassb. 1900, in-16, 90 p., br.

165 — — D'r Dorfschmidt. Volksstück in 3 Aufzügen. Strassb. 1901, in-12, 109 p., br. Couvert. ill. par A. Koerttgé.

166 — Brachvogel. O. Die Kunkelstube in einem Vogesendorfe. Ländliche Scene mit Gesang u. Tanz in 1 Aufz. 2. Aufl. Strassb. 1902, in-24, 24 p. plus 17 p. de musique, br.

167 — Elsässer (Die). Südwestdeutsche Rundschau. Erstes Mai-Heft (1901). In-8°, p. 263—294, br. Av. illustr.

168 — Liebich, L. D'r Krüddenajler odder d'Elsässer in Afrika. Luschtspiel in 5 Uffzigg. Strassb. 1902, in-18, 84 p., br.

169 — Mohr, Louis. Littérature du dialecte alsacien. Bibliographie der in Elsässischer Mundart erschienenen Schriften. Strassb. 1877, in-8°, 22 p., br. (Tiré à 100 exempl.)

170 — (Ratgeber, J.) Alsaticus. Elsässischer Sprichwörterschatz. Achthundert Sprichwörter und sprichwörtliche Redensarten aus dem Elsass. Strassburg 1883, in-12, 63 p., br.

171 — Stoskopf, G. D'r Herr Maire. Luschtspiel in 3 Akt. Strassb. 1898, in-18. VII—124 p., br.

172 **Diemeringen.** — Fischer, D. Notice historique sur l'ancienne seigneurie de Diemeringen, (Extr. de la „Revue d'Alsace"). Mulhouse 1876, gr in-8°, 32 p., br.

173 **Dolfuss, Jean-Gaspard.** — Voyage en France fait en l'an 1663 par Jean-Gaspard Dolfuss. Traduit de l'original allemand par Ernest Meininger. Mulhouse 1881, gr. in-8°, 37 p., br. Av. portr.

174 **Dollfus, Emile. — Portrait.** — Emile Dollfus, Représentant du Peuple (Haut-Rhin). In-fol., à mi-corps, Ch. Vogt, 1848, lith. de Becquet frères. (Pl. de l'„Assemblée Nationale"). Av. marges.

175 **Donon.** — Golbéry, G. de. Une vue du Donon. Extr. de l'„Annuaire du Club alpin franç."). Paris 1880, in-8°, 7 p., br. Av. 1 vue.

176 — **Vue.** — Le Donon vu de Salm près de Framont. Lith. de Thierry frères, Dupressoir Lith. Pet. in-fol. obl., av. marges. (Pl. des „Promenades dans les Vosges").

177 **Doré, Louis-Auguste-Gustave.** — Gustave Doré. Extrait des „Biographies alsac". Mulhouse 1887, in-8°, 4 p., av. portr. photogr. hors texte, br.

178 **Dorlan, J.-B.-A. — Portrait.** — J. B. A. Dorlan, Représentant du Peuple. (Bas-Rhin.) In-fol., à mi-corps, assis, Courtoit, impr. Kæppelin et Cie. (Pl. de l'„Assemblée Nationale"). Av. marges, taches de rousseur.

179 **Dossenheim.** — Wolff, E. Chronik der Gebirgsgemeinde Dossenheim. Strassb. 1896, in-8°, 122 p., br. Av. vue photolith.

180 **Drion, Charles.** — Kopp et Braun. Discours prononcés le 27 Novembre 1867 aux obsèques de Mr Charles Drion, président honoraire du Tribunal de Schlestadt. Strasbourg 1867, in-8°, 20 p., br.

181 **Edel, Friedr. Wilh.** Geschichte der Ueberreichung der Augsburgischen Confession am 25. Juni 1530. Denkschrift der dritten Säcularfeier. 2. Aufl. Strassb. 1830, in-18, 53 p., demi-rel. chagr.

182 **Eguisheim.** — Brucker, P. Le Château d'Egisheim, berceau du Pape Saint Léon IX. Strasb. 1893, in-8°, 93 p., br.

183 — Gutmann, Karl. Die archäolog. Funde von Egisheim, 1888—1898. Mit 17 Tafeln. (N° du „Bulletin de la Soc. . . . des Mon. hist.") Strassb. 1899, gr. in-8°, 87 p., cart. Av. fig. dans le texte.

184 — **Vue.** — Les 3 châteaux. Nach d. Nat. gez. u. gest. v. F. Helmsdorf 1824 Strassburg. (Pl. de „Aufschlager, Das Elsass"). In-8° obl., av. marges.

185 **Emmerich, Fréd.-Charles-Timothée.** — Acht Leichen- u. Gedächtnis-Reden von J. G. Dahler, F. Jacob, A. Jung, Fr. H. Redslob (2), J. H. Schnitzler, D. Th. Schuler et E. Stöber. Strassb. 1820, in-8°, dereliés.

186 **Engel-Dollfus, Frédéric.** — Mossmann, X. Un industriel alsacien. Vie de F. Engel-Dollfus. Mulhouse 1886, gr. in-8°, 249 p., br. Av. portr.

187 **Engelhard, Maurice.** Souvenirs d'Alsace. Chasse-Pêche-Industrie-Légendes. Paris 1882, in-18, IV—283 p., demi-rel. perc.

188 **Ensmingen, Godefroi de.** — Liblin, Jos. Chronique de Godefroi d'Ensmingen, notaire épiscopal à Strasbourg, 1132—1372. Tirée des Chronicalia de P. A. Grandidier. Strasbourg 1868, in-8°, XV—54 p., br.

189 **Erb, Matthias.** — Rocholl, Dr. H. Matthias Erb, ein elsäss. Glaubenszeuge aus der Reformationszeit. („Beiträge z. Landes- u. Volkskunde v. Els.-Lothr.", H. 26). Strassb. 1900, in-8°, 36 p., br.

190 **Erckmann-Chatrian, Em.** L'Alsace en 1814, drame en 5 actes. Strasbourg 1850, gr. in-8°, 16 p., à deux colonnes, br. (2 ex.)

191 **Erstein.** — Bernhard Jos. Histoire de l'abbaye et de la Ville d'Erstein, (publ. par J. Burg). Rixheim 1883, in-8°, VIII—200 p., br. (2 ex.)

192 **Esmangart.** — Lettre à M. Esmangart, Conseiller d'Etat, Préfet du Département du Bas-Rhin, par un Saucissier de Strasbourg. Paris (1827), in-8°, 8 p., cart.

193 **Esmangart, Claude Flor(imond). — Portrait.** — Conseiller d'État, Préfet du Bas-Rhin (de 1824 à 1830). In-8°, buste à dr., av. des nuages. C. Guérin ft. 1826, Lith. de F. G. Levrault. Av. marges. Epreuve avant la lettre.

194 **Ettendorf.** — Fischer, Dag. Ein geschichtlicher Blick auf die ehemalige rabbinische Schule in Ettendorf und die beiden israelitischen Leichenhöfe bei Ettendorf und Rosenweiler. (Extr. du „Samstagsblatt"). Strassb. 1868, in-8°, 10 p., demi-rel. chagr.

195 **Eymar de Walchrétien, J. N. F. Ange d'. — Portrait.** — J. N. F. Ange d'Eymar de Walchrétien, Prélat de Neuvillers. Gr. in-8°, buste en méd. oval, av. encadr. (Collection générale des Portr. de MM. les Députés de l'Assemblée Nat. . . . 1789) Lambert del., Mlle Noté sculp., légèrement rogné. Planche portant le N° 69.

196 **Fanjat, N.** Au citoyen Ed. Eissen, ex-délégué à la gestion de l'administration du département du Bas-Rhin. Strasbourg 1848, in-8, 24 p., demi-rel. chagr.

197 **Fénétrange.** — Benoit, L. Notes sur la Lorraine allemande: La chapelle castrale de Fénétrange; av. 4 pl. Nancy (1860), in-8°, 57 p., br.
198 **Ferrette.** — Böhm, Franz. Pfirt (Ferrette) (castrum Ferretis anno 1100) nebst Umgebung. Mülh. 1892, in-8°, VII—147 p., br. Av. 2 photolith.
199 **Ferrette (Comté de).** — Bonvalot, Ed. Coutumes de la Haute-Alsace, dites de Ferrette. Colmar 1870, in-8°, XXXI—296 p., br. (Ouvrage épuisé.)
200 **Fischart, Jean.** — Besson, P. Étude sur Jean Fischart. Paris 1889, gr. in-8°, V—364 p., br.
201 **Fischbach, Gustave.** De Strasbourg à Bayreuth. Notes de voyage et Notes de musique. Strasb. 1882, in-8°, V—93 p., br.
202 **Fischer, Dag.** La dissolution de l'ordre des Jésuites en Alsace. Etude historique. (Extr. de la „Revue d'Alsace"). Mulhouse 1876, gr. in-8°, 69 p., br.
203 **Flach, Georges.** Le Notariat en Alsace-Lorraine. — Etude historique et critique. Strasb. 1874, gr. in-8°, VIII—125 p., br.
204 **Flaxland, F.** Elsässische Novellen. 2. Aufl. Colmar 1871, in-18, 155 p., br.
205 **Fleckenstein.** — **Vue** ancienne du château. „A minimis quoque timendum". In-16 obl., sans marges, remontée.
206 **Fort Louis.** — **Carte.** — Environs du Fort Louis avec l'Attaque de larriere (sic.!) Garde des Ennemis, le 23 Aoust 1744. Weis sc. Strasbourg, chez Perrier. Gr. in-fol., à toutes marges. Explicat. franç. en 20 Remarq.
207 **Fournier, Dr. A.** L'Alsace. (Extr. du „Bulletin de la Sect. des Hautes-Vosges du Club Alpin français"). Belfort, s. d., in-8°, 16 p., br.
208 **Foy (le Général).** — Stöber, Ehrenfried. Relation des fêtes données au Général Foy, lors de son séjour à Strasbourg. Basle 1821, in-8°, 16 p., demi-rel. chagr.
209 — — Le géneral Foy en Alsace. Paris et Strasb. 1825, in-8°, 14 p., br.
210 — — General Foy im Elsasse. Aus d. Französ. übersetzt. Strassburg 1826, in-8°, 16 p., br. (Tacheté de rousseur).
211 **Foy, Maximilien-Prosper.** — **Portrait.** — Le Lieut-Général Foy. Député du Dépt de l'Aisne. In-fol., à mi-corps, tourné à gauche, figure de face. Lithogr. par Maurin, d'après le tableau de Gab. Guérin, Imp.-Lith. de G. Engelmann. Av. marges.
212 **Framont.** — **Vue.** — „Forges de Framont". Th. Müller del. Lith. de E. Simon fils à Strasbourg. (Pl. des „Vues du Ban de la Roche"). In-fol. obl., à gr. marges.
213 **Frantz, Jean.** — Discours français prononcés et extraits d'une lettre de M. le Préfet du Département du Bas-Rhin et des Feuilles publiques à l'occasion du décès de M. Jean Frantz, Conseiller de Préfecture dans le Département du Bas-Rhin, Professeur à la Faculté de Droit . . . décédé à Strasbourg le 14 Décembre 1818. Strasbourg (1818), in-8°, 15 p. — A la suite: Haffner, Isaac. Rede an dem Sarge von Herrn Johannes Frantz. Gespr. in der Kirche zu St. Nicolai, den 17. Dec. 1818. Strassb. (1818), in-8°, 12 p. — 1 vol., demi-rel. chagr.
214 **Friedrich, André.** — Mühl, G. Der elsässische Bildhauer Andreas Friedrich. Eine biograph. Skizze. Strassburg 1876, in-8°, 19 p., br.
215 **Fritz, Théodore.** — Waddington, Charles. Eloge de M. Théodore Fritz, Professeur de théologie. Strasb. 1864, in-8°, 30 p., br.
216 **Gaidoz, H.,** et **P. Sébillot.** Bibliographie des traditions et de la littérature populaire de l'Alsace. (Extr. du „Polybiblion"). Strasbourg 1883, in-8°, 15 p., br.
217 **Gart, Thiebold.** Joseph. Biblische Komödie. 1540. (Zum ersten Male in Schlettstadt aufgeführt). Strassb. 1880, in-8°, 124 p., br. („Elsässische Litteraturdenkmäler", Bd. II).
218 **Geiler, Jean, dit de Kaysersberg.** — Dacheux, L. Les plus anciens écrits de Geiler de Kaysersberg. Av. une étude bibliographique. Colmar 1882, gr. in-8°, CCII—201 p.. demi-rel. perc. Av. 26 pl. photolith.

219 **Geispolsheim.** — Sandherr. Mémoire pour le Sieur Joseph Speisser, contre les héritiers Prost et consorts. Colmar 1832, in-4°, 47 p., br. Av. 1 tableau stat. gr. in-fol.

220 — Comerson. Conclusions motivées pour le Sieur Speisser, de Geispolsheim, contre les héritiers Prost et consorts. Colmar 1833, in-4°, 14 p., br.

221 — Eissen. Procès de la redevance dite Grosse Colonge ou Oberschaffeney-Dinghof de Geispolsheim. Précis pour l'instance liée entre les Srs Jacques et Franç.-Jos. Speisser et les Srs Prost et consorts. Strasb. 1833, in-4°, 16 p., br.

222 **Gérard, Charles.** L'ancienne Alsace à table. Étude historique et archéologique. 2e édit. Paris et Nancy 1877, gr. in-8°, VII—362 p., demi-rel. toile.

223 — Les Artistes de l'Alsace pendant le Moyen-Age. Paris 1872/73. 2 vol. gr. in-8°, demi-rel. toile.

224 — Essai d'une faune historique des mammifères sauvages de l'Alsace. Colmar 1871, gr. in-8°, XII—422 p., demi-rel. toile.

225 **Gérard, Charles-Alexandre-Claude.** — Mossmann, X. Notice biographique sur Charles Gérard, lue au Comité du Musée historique dans sa séance du 16 novembre 1877. (Extr. du „Bulletin du Musée hist.") Mulhouse 1878, gr. in-8°, 14 p., cart. Avec portr. en eau-forte.

226 **Gerbert, Mart.** De translatis Habsburgo-Austriacorum principum, eorumque coniugum Cadaveribus ex ecclesia cathedrali Basileensi et monasterio Kœnigsveldensi in Helvetia ad conditorium novum monasterii S Blasii in Silva nigra. Typis San-Blasianis, 1772, in-4°, VIII—159 p., rel. veau anc., tr. rouges. Av. 8 planches gravées.

227 **Geroldseck (la Maison de).** — Lehr, Ern. Les dynastes de Geroldseck-ès-Vosges. Étude historique et généalogique. (Extr. du „Bull. de la Soc. des Mon. hist.") Strasbourg 1870, gr in-8°, 48 p., demi-rel. chagr. Av. carte et tableau généalog. (Tiré à petit nombre).

228 — — La seigneurie de Hohengeroldseck et ses possesseurs successifs. Étude hist. et généalog. Strasbourg 1869, gr. in-8°, 39 p., demi-rel. chagr. Av. carte et tableau généalog. (Tiré à petit nombre)

229 — (Reinhardt, J. Jac.) Pragmatische Geschichte des Hauses Geroldseck, wie auch derer Reichsherschaften Hohengeroldseck, Lahr und Mahlberg in Schwaben. Mit CCXIII Urkunden, einigen Kupfern und zweien Registern. Frankfurt und Leipzig 1766, in-4°, VIII—175—472 p., cart.

230 **Gerst, Paul, et Baer, Jeanne.** — L'Echo de Brumath. Numéro unique, Samedi le 30 avril 1898. S. l., in-4°, 12 p. autogr., av. portraits et illustr., br.

231 **Golbéry, (Marie-) Ph(ilippe-Aimé) de. — Portrait.** — Ph. de Golbéry. (Député, Archéologue, né a Colmar en 1876, mort au Château de Kientzheim en 1854. Auteur des „Antiquités de l'Alsace"). In-12, buste de face, en méd. ov. J. D. Boyer fecit, Lith. de Engelmann. (Pl. de la „Galerie alsacienne"). Av. marges.

232 **Gloxin, Edouard. — Portrait.** — Edouard Gloxin, né à Strasbourg, le 16 Sept. 1804. In-8°, buste à gauche, fond teinté. Lith. d'après nat. par Marin Lavigne, impr. Lemercier, E. Desmaisons direxit. (Pl. de l'„Assemblée Nat., Galerie des Représentants du Peuple, 1848") Av. marges. (Petite déchirure dans la marge du bas).

233 **Golbéry (de) et G. Schweighäuser.** Antiquités de l'Alsace ou Châteaux, Eglises et autres Monumens des Départemens du Haut- et du Bas-Rhin. Mulhouse. 1828. 2 sections rel. en 1 vol. in-fol. demi-rel. maroquin vert foncé, avec coins. Avec 80 planches lith,. dont 2 ou 3 remontées. (Bel exempl.)

234 **Goldenberg, Alfred.** Note sur le Commerce des Blés en 1867. Strasb. 1868, in-fol.. 18 p. autogr., br.

235 **Goethe, Johann-Wolfgang.** Positiones juris. (Dissertation soutenue à Strasbourg le 6 août 1771). Argentorati, in-4°, 12 p., br. Reproduction photolith. par Carl Schwarz à Stuttgart.
236 — Mon Journal. Traduit par un Strasbourgeois (Jules Frœlich). Nancy 1881, in-8°, VII—17 p., pap. vergé, br. Av. vignettes et encadrements.
237 **Grad, Charles.** Zig-Zags à travers l'Alsace. Strasb. 1883, in-18, 19 p., br.
238 — L'Alsace. Le pays et ses habitants. Paris, 1889. 1 vol. in-fol., demi-rel. ordinaire. Avec 386 gravures et 17 cartes. (Édition épuisée et rare).
239 **Grandidier, Ph. Andr.** Histoire ecclésiastique, militaire, civile et littéraire de la province d'Alsace. T. I. Av. pièces justificatives (XXXVI—336 p. et CCLXXXVII p.) — (T. II). Pièces justificatives ou Table chronolog., hist. et géogr. des diplômes, chartes . . . (IX—CCXCVI p.) Strasb. 1787. 2 vol. in-4°, demi-rel. chagr. rouge. (Ouvrage très rare, surtout le T. II qui est dit introuvable).
240 **Grendelbruch.** — Feuersbrunst (Die) zu Grendelbruch. Sammlung von darauf bezüglichen Gedichten. 1836, in-8°, 16 p., br.
241 **Guebwiller.** — **Vue.** — Vue générale de l'ancienne Église de Guebwiller (Haut-Rhin). Chapuy del. 1833, Fortier sculp. Gr. in-fol., av marges.
242 **Guérin, Jean.** (Graveur 1734—1787). — **Dessin gravé.** — Stanislas Cte de Clermont-Tonnerre, député de la ville de Paris à l'Assemblée Nationale en 1789 . . . Portrait in-8°, dessiné par J. Guérin, gravé (au pointillé) par Fiesinger.
243 **Guérin, Christophe.** (1758-1831) — **Dessin original.** — Robertsau près Strasbourg. C. Guérin fecit 1807. In-fol. obl., monté sur carton bleu.
244 **Guérin, Gabriel.** (1790—1846) — **Portrait.** — Gabriel Guérin. Né le 9 Nov. 1790, mort le 20 Sept. 1846. Dédié à ses amis et connaissances par son frère Jean. Gr. in-fol., buste à gauche, Jean Guérin fec., Lith. de Fassoli et Ohlman, à gr. marges.
245 — **Dessin original.** — Le Cordonnier de Hangenbieten. Dessiné d'après nature par Gabriel Guérin en 1806 (agé de 16 ans). In-4°, monté sur carton bleu in-fol.
246 — **Lithographie.** — Jery Hägel (pêcheur à la Fischerinsel). In-fol., non signée, Lith. de L. Havard, av. marges.
247 **Guérin, Jean** (Frère de Gabriel). — **Aquarelle.** — Paysage (village av. église). Jean Guérin novbr. 1820. Gr. in-4° obl.
248 **Guerre de 1870—1871.** — Krieg (Der deutsch-französische) 1870—71. Redigirt von der kriegsgesch. Abtheilung des Grossen Generalstabes. Ouvrage complet, relié en 5 vol. demi-rel. ord. Les cartes et plans réunis en 2 boîtes de reliures pareilles aux volumes.
249 — La Guéronnière, Alfred de. L'Age de fer ou l'Ère du sang. (Suite de l'Homme de Sedan). Bruxelles 1871, in-8°, 109 p., cart.
250 — Murailles d'Alsace-Lorraine (Les). Metz, Sarreguemines, Strasbourg, Haguenau, Saverne, etc. Paris 1874, in-4° VII—267 p., demi-rel. toile.
251 — Norberg, Charles. État rétrospectif de l'Administration française pendant la Guerre de 1870—71. Liste des Membres du Gouvernement de la Défense Nationale . . . (Extr. de l'„Almanach national 1871—72"). Paris 1872, gr. in-8°, 24 p., br.
252 **Guide pittoresque** du voyageur en France, livr. 95: Département du Haut-Rhin. Paris, s. d., in-8°, 16 p., br. Av. 6 vues grav. et 1 carte.
253 — Item, livr. 101 et 102: Département du Bas-Rhin. Paris, s. d., in-8°, 32 p., br. Av. 6 vues et portr. grav. et 1 carte.
254 **Hackenschmidt, Jean-Chrétien.** — Erinnerung an die Goldene Hochzeitsfeier von Chr. Hackenschmidt und Louise Urban, den 7. Juni 1885. Den Freunden gewidmet. Strassb. (1885), in-24, 15 p., br.
255 **Haffner, Félix.** — **Gravure sur bois.** — Jeunes filles lavant du linge dans la fontaine monumentale d'une petite ville de campagne. D'après le dessin de **H. Valentin.** In-8°, à grandes marges.

256 **Haffner, Isaac.** — Viro summe reverendo ... Isaaco Haffner... de Patria ecclesia literis optime merito ... apud populares et exteros celebra'o Praeceptori patris vice colendo. Argentor. (1830), in-fol., 11 p, br.
257 — **Portrait.** — Isaac Haffner. In-8°, buste, profil à gauche, en méd. oval. J. D. Beyer fecit, lith. de Engelmann & C°. (Pl. de la „Galerie alsac.") Av. marges.
258 **Hagenbach, Pierre de.** — Nerlinger, Ch. Pierre de Hagenbach et la domination bourguignonne en Alsace (1469—1474). Nancy 1890. Gr. in-8°, XI—172 p., demi-rel. perc. (Extr. des „Annales de l'Est").
259 **Haguenau.** — Batt, Franz. Das Eigenthum zu Hagenau im Elsass. I. Theil. Colmar 1876, in-8°, IX—307 p., demi-rel. toile. Av. 1 carte.
260 — Klélé, J. Hagenau zur Zeit der Revolution 1787—1799 (18 Brumaire VIII). Strassb. 1885, in-8°, III—327 p., demi-rel. toile.
261 — **Plan.** — Hagenaw eine aus denen X Reichs-Staedtten im Elsas. G. Bodenehr fec. et excud. A. V. Lég. allem. Gr. in-8° obl., à pet. marges. (Av. pagination 77).
262 **Hanau (Comtes de.)** — Gründliche ... Untersuchung der Frage: Ob mit denen am Rhein und in der Wetterau gesessenen, zur höhern Teutschen Nobilität jederzeit gerechneten uhr-alten Graffen und Herren ...., ins besondere aber mit denen darzu gehörigen Graffen und Herren zu Hanau / Die zwar gleichfalls Alte / aber doch zum Niedern Adel gehörige und heutiges Tages also genannte Com-Membra derj. Löbl. Ritter-Haubtmannschafft / . . . bevorab die ohnlängst ausgestorbene von Carben in Vergleichung zu stellen seyen? Gedruckt Anno 1734. In-fol., VI—496 p., demi-rel. bas., plats parch.
263 — Suchier, Reinh. Genealogie des Hanauer Grafenhauses, nebst 31 Tafeln Portraits in Lichtdruck der Grafen u. Gräfinnen von Hanau. („Festschrift des Hanauer Geschichtsvereins 1894"). Hanau 1894, in-4°, 31 p. de texte, br.
264 **Hanau, Jean-Reinh., Comte de.** — **Portrait.** — Per illustris et generosissimus Comes, ac dominus, Dn Johannes Reinhardus, Comes in Hanau, Rhieneck, et Zweybrücken, in Müntzenberg, Liechtenberg et Ochsenstein ... Nat. 1628, denat. 1666. In-8°, mi-corps, 3/4 à droite, en méd. oval, av. armoiries. Sculps. Petr. Aubry, chalcogr. Argent., fecit. Quirinus Moscherosch. Lég. et 5 vers lat. Av. marges.
265 **Hanau-Lichtenberg.** – Kiefer, Ludwig-Albert. Pfarrbuch der Grafschaft Hanau-Lichtenberg. Nach Urkunden. Strassb. 1890. 1 vol. in-8°, XII—446 p., demi-rel. perc.
266 — Lehmann, J. G. Urkundliche Geschichte der Grafschaft Hanau-Lichtenberg. Mannheim 1862—1863. 2 vol. in-8°, demi-rel. chagr. (Epuisé et rare)
267 — Rathgeber, Julius. Die Grafschaft Hanau-Lichtenberg. Eine elsässische Volksschrift. Strassburg 1876, in-12, III—274 p., demi-rel. perc.
268 **Hanauer, A.** — Quatre lettres en réponse à M. Ignace Chauffour. — Un dernier mot à M. I. Chauffour. (Extr. de la „Rev. catholique d'Alsace"). Colmar 1866. 3 broch. in-8° de 40, 16 et 4 p.
269 — Chauffour, Ign. Résumé et conclusion de ma discussion sur les colonges. (Extr. de la „Rev. d'Alsace"). Colmar 1866, in-8°, 64 p., br.
270 — — Courte réponse à M. l'abbé Hanauer. (Extr. de la „Rev. d'Alsace"). Colmar, s. d. (1866), in-8°, 17 p, br.
271 **Haerter, François-Henri.** — Roehrich, Mme Ernest. Le Pasteur F. H. Haerter. Av. un. portr. Paris 1889, in-18, 113 p., br.
272 **Hartmann, C. F.** Alsatische Saitenklänge. Sämmtliche Gedichte. Strassb. 1848, in-8°, 495 p., demi-rel. perc. (Titre et front. col. manquent).
273 **Haslach.** — Berain, P. Mémoires historiques s. le règne des trois Dagoberts, au sujet des fondations de plusieurs églises d'Alsace . . et partic. de la fondation de l'église collégiale d'Haslach. Strasb. (de l'imprimerie Pastorius) 1717, in-12, 97 p., plus la préface et les tables, br. **Bel exemplaire non rogné. (Cet ouvrage de Berain, chanoine de Haslach, est devenu d'une rareté insigne).**

274 **Hatten.** — Ring, Max. de. Les Tombes celtiques de la forêt communale de Hatten (Bas-Rhin). Rapport présenté au comité de la Société pour la conservation des Monuments historiques d'Alsace. Strasbourg 1860, in-8°, 7 p., demi-rel. chagr. Av. 2 planches.

275 **Hausmann, S.** Monuments d'Art de l'Alsace. — Elsässische Kunstdenkmäler. Publ. en collaboration av. Fr. Leitschuh et Ad. Seyboth. Strasb. 1900. 3 vol. gr. in-4°, dont 1 de texte et 2 de planches photolith. (120 pl. pour l'Alsace et 60 pl. pour la Lorraine). En demi-rel. basane.

276 **Haut-Barr.** — Fischer, Dag. Das Bergschloss Hohbarr (bei Zabern) historisch und topographisch dargestellt. Zabern 1874, in-8°, 29 p., br. Av. 1 planche.

277 **Hauviller, Dr. Ernst.** Frankreich und Elsass im 17. und 18. Jahrhundert. Strassb. 1900, in-8°, XI—57 p., br.

278 **Heiligenstein.** — **Vue.** Gravée par Schwalb, Heiligenstein, Août 1850. In-8° obl., épreuve sur Chine, av. marges.

279 **Heilmann, Aug.** Les paysans d'Alsace, l'impôt et l'usure. Strasbourg 1853, in-8°, IV—164 p., demi-rel. chagr.

280 **Henry, Nicolas-Victor, et Henry, Jean-Baptiste-Edouard.** — Morellet, J.-N. Les deux Henry. Causeries littéraires insérées au „Glaneur du Haut-Rhin." Colmar 1866. in-18, 64 p., demi-rel. chagr.

281 **Herbitzheim.** — Levy, Joseph. Geschichte des Klosters, der Vogtei und Pfarrei Herbitzheim. Strassb. 1892, in-8°, XIX—288 p., demi-rel. perc. Avec quelques planches en photolith.

282 **Hermann, Jean.** — **Portrait.** — J. Herrmann. (Botaniste et Médecin). In-4°, buste à droite, par Flaxland, lith. de Simon fils, épreuve sur Chine, av. marges.

283 **Herrenschneider, Jean-Samuel.** — Bey dem Grabe ihres Lehrers S. T. Herrn Johannes Samuel Herrenschneider, ordentlichen Lehrers der Philosophie, von seinen ihn begleitenden Schülern. Strassburg, s. d., in-4°, 4 p.

284 — (Dürrbach). Auf Herrenschneiders Jubiläum, den 6. Mai 1834. Ein Lied, beim frohen Mahle zu singen. (Strassb. 1834), in-12, 4 p., br.

285 **Heuchel, Jean-Paul-Thiébaut.** — **Portrait.** — Jn-Pl-Tt Heuchel, né à Cernay, le 24 juin 1799. In-8°, buste à gauche, fond teinté. Lith. d'apr. nat. par Belloni, impr. Lemercier, E. Desmaisons direxit. (Pl. de l'„Assemblée nat., Galerie des Représentants du peuple, 1848"). Avec marges.

286 **Himly, Jean-Louis.** — Discours prononcés aux funérailles de M. Jean-Louis Himly. 16 Mars 1862. Strasb. 1862, in-8°, 24 p., br.

287 **Hirn, Gustave-Adolphe.** — Dietz (le Pasteur). M. G.-A. Hirn. Notice nécrologique. (Extr. des „Bull. de la Soc. des Sciences . . . de la Basse-Alsace"). Strasb. 1890, in-12, 8 p., br.

288 — Manifestation en l'honneur de G.-A. Hirn. Strasb. 1890, gr. in-8°, 55 p., br. Av. portr. et 2 pl. de médailles.

289 **Hirtz, Daniel.** Gedichte. Mit einem Vorwort von Ed. Reuss. Strassb. 1838, gr. in-8°. XXV—169 p., cart. Av. portr.

290 — Des Drechslers Wanderschaft für Jung und Alt erzählt. Strassburg 1844, in-12, XXII—318 p., cart.

291 — Gedichte. 2. verm. Aufl. Strassb. 1846, in-12, XII—260 p., br.

292 **Hochstuhl, Alphonse.** — **Portrait.** — Alphonse Hochstuhl, né à Montbéliard (Doubs), le 16 octobre 1823. In-8°, buste à gauche, fond teinté. Lith. d'apr. nat. par Patout, impr. Lemercier, E. Desmaisons direxit. (Pl. de l'„Assemblée nat., Galerie des Représentants du Peuple, 1848".) Av. marges.

293 **Hoffmann, Vve, née Metzger.** — Vorläufige Nachrichten u. Bemerkungen, den Prozess der Wittwe Hoffmann, geb. Metzger (von Colmar), gegen Simon Chevalier betreffend. S. l., an IV, in-8°, 112 p., br.

294 **Hohwald.** — Didier, Paul. Sites des Vosges. — Le Hohwald et ses environs. Strasb. 1866, in-18, V—83 p., demi-rel. chagr. Av. 1 carte et 2 lith.

295 — **Vues.** — Um den Strassburger Wald. Sechs Bilder mit lyrischer Begleitung von F. Baumann und A. Grün. Strasb., Lith. E. Simon, in-fol. obl., cart.

296 — — Église et Presbytère de Hohwald, près de Barr. Dess. d'après nature par Th. Müller 1837. Lith. de E. Simon à Strasb. In-fol., av. marges.

297 **Honcourt.** — **Vue.** — Eglise de Honcourt, côté Sud, d'après le croquis de Silbermann. Lith. R. Schultz & Co. (Monuments disparus.) In-4°, av. marges.

298 **Horning, François Nathanaël.** — Horning, W. Franz Nathanael Horning, 1774—1839, Pfarrer in Roppenheim, Eckwersheim u. Vendenheim. Ein Pfarrbild im Rahmen der Zeit, gezeichnet für die Familie. Strassburg 1888, gr. in-8°, 68 p., br. Av. portrait.

299 **Hoerter, Philippe.** (Compositeur de Musique.) — **Portrait.** In-12, buste, face, en méd. ov. Bossert. Lith. E. Simon. Fond teinté. Av. marges.

300 **Humann, Georges.** — Argout, le Comte d'. Eloge funèbre de M. Humann, pair de France, ministre des finances. Strasbourg 1843, in-8°, VII—44 p., br.

301 **Huningue.** — Latruffe, Franck. Huningue et Bâle devant les traités de 1815. Considérations politiques et historiques sur la nullité de l'article III de ces traités. Paris 1863, gr. in-8°, VII—395 p., demi-rel. chagr.

302 — **Plan.** — Huningen hart an Basel gelegen. G. Bodenehr fec. et ex. Lég. allem. Gr. in-8° obl., à pet. marges. (Av. pagination 82.)

303 **Huot, Paul.** Des Vosges au Rhin. Excursions et causeries alsaciennes. Paris 1866, in-12, VIII—597 p., rel. toile orig.

304 **Hutte (La).** — **Vue.** — „La Hutte, près du champ du feu". Lith. par Th. Müller. Lith. de Simon fils. (Pl. des „Vues du Ban de la Roche"). Gr. in-8° obl., à toutes marges.

305 **Jaegle, J. J.** Der Cypressen-Hain. Klage und Trost bei dem Scheiden unsrer Lieben. Strassb. 1830, in-8°, III—48 p., br.

306 **Imler, Barbe.** — Engelhard, Maurice. Mémoire pour M. Schmidlin, anc. Juge de paix, domicilié à Wasselonne, intimé, contre Mme Louise Imler, femme de Jean Müller, Bachelier en théologie, et ce dernier, domiciliés ensemble à Wasselonne, appelants. Strasb. 1869, in-4°, 39 p., br.

307 **Ingold, A.-W.-P.** Les manuscrits des anciennes maisons religieuses d'Alsace. Paris et Colmar 1898, gr. in-8°, 71 p., br. Sur pap. de Hollande.

308 **Ingwiller.** — Kassel, Dr. Die Adelsverhältnisse in Ingweiler im 16.—18. Jahrh. Ein Beitrag z. Gesch. d. elsäss. Adels. Strassb. 1897, in-8°, 36 p., br.

309 — (Schaller, Pfarrer.) Dekadengesänge der Ingweiler Volksgesellschaft. S. l. ni d., in-18, 48 p., br.

310 **Isenbourg.** — Notice historique sur le château d'Isenbourg, près Rouffach. (Publ. p. H. Ostermeyer.) Colmar 1894, in-4°, 35 p., demi-rel. veau. Av. 17 planches photolith.

311 **Judaïsme.** — Ginzrot, Sohn. Antwort über eine Schrift, betitelt: Bericht, welcher in der Gesellschaft der Freunde der Constitution über die Frage vorgelesen wurde: „Können die Juden im Elsass des Bürgerrechts theilhaftig werden?" S. l. 1790, in-12, 15 p., non rel.

312 — (Martin). Serment more judaïco. Extraits des Archives israélites de France, Nos de Janvier, Février, Mars, Juillet, Août, Septembre 1844. Paris (1844), in-8°, 80 p., demi-rel. chagr.

313 — Scheid, Elie. Histoire des Juifs d'Alsace. Paris 1887, in-12, 424 p., demi-rel. toile.

314 **Jungholtz (Le Château de). — Vue.** — Château de Jungholtz, Haut-Rhin, possédé par les Schauenburg depuis 1339, pillé et détruit en 1793. Reproduction photogr., in-12 obl., montée sur carton pet. in-fol.

315 **Junker, Ch.** L'Alsace. (Extrait du „Bulletin de la Soc. de Géographie de Lille"). Lille 1885, gr. in-8°, 28 p., br.

316 **Justizverwaltung und Rechtspflege** in Elsass-Lothringen, 1871—1896. Strassb. 1896, gr. in-8°, VIII—135 p., cart.

317 **Kampmann, Adolphe-Eugène.** — Discours prononcés en commémoration de Adolphe Eugène Kampmann, Professeur au Gymnase protest. de Strasbourg. Strasb. 1853, in-8°, 29 p., br.

318 **Kampmann, Frédéric-Edouard.** — Faudel, (le Dr.) Notice biographique sur Frédéric Kampmann, père, pharmacien-naturaliste. (Extr. du „Bulletin de la Soc. d'Hist. nat. de Colmar"). Colmar 1874, in-8°, 21 p., br.

319 **Kaysersberg.** — Clauss, Jos. M. B. Das alte Kaysersberg. Kaysersb. 1902, in-fol., V—15 p., br. Mit 18 Lichtdrucktafeln u. 7 Abbildgn. im Text.

320 — Ericbson, A. Le Protestantisme à Kaysersberg. (Extr. du „Progrès religieux"). Strasbourg 1871, in-8°, 58 p., br.

321 **Kaysersberg (Canton de).** — Straub, l'abbé A. Statistique monumentale des cantons de Kaysersberg et de Ribeauvillé (Haut-Rhin). 2e édit. revue et augm. Strasbourg 1860, in-8°, 32 p., br.

322 **Kehl.** — (Dedon l'aîné). Mémoire militaire sur Kehl, contenant la relation du passage du Rhin par l'armée de Rhin et Moselle . . . Par un officier supérieur de l'armée. Strasb. 1797, 124 p. Av. 1. carte. — A la suite: (Dedon l'aîné). Relation du Passage du Rhin effectué le 1er Floréal an V, entre Kilstett et Diersheim, par l'armée de Rhin-Moselle, sous le commandement du général Moreau. Strasb. 1797, 72 p. Av. 1 carte. — Campagne du général Buonaparte en Italie, pendant les années IVe et Ve. Par un Officier général. Paris 1797, 373 p. Av. 1 carte. — Les 3 ouvrages en 1 vol. in-8°, cart. demi-parch.

323 **Kellermann, François-Christophe de.** — Choppin, H. Un Inspecteur général de cavalerie sous le Directoire et le Consulat. Le Général de Division Kellermann (Ans VII—XI). Nancy 1898, in-8°, III—71 p., br.

324 — **Portrait.** — F. C. Kellermann, Commandant en Chef de l'Armée des Alpes, né à Strasbourg en 1737. In-8°, buste, profil à gauche, en méd. ovale. E. Bonneville del., Sandoz sculps. A Paris chez l'auteur au Cercle Social N° 4. En bistre, à pet. marges.

325 **Kentzinger, A. de.** Documens historiques relatifs à l'histoire de France, tirés des archives de la ville de Strasbourg. Strasbourg 1818—19. 2 vol. in-8°, demi-rel. chagr.

326 **Kentzinger, Antoine de.** — **Portrait.** — Ant. de Kentzinger. In-8°, buste, face, en méd. ovale. J. D. Beyer fecit, lith. de G. Engelmann. (Pl. de la „Galerie alsac.") Av. marges.

327 **Kestner, Charles.** — Portrait. — (Charles) Kestner, né à Strasbourg, le 30 juin 1803. In-8°, buste à gauche, fond teinté. Lith. d'apr. nat par Tony Toullion, Impr. Lemercier, E. Desmaisons direxit. (Pl. de „l'Assemblée Nat., Galerie des Représentants du Peuple, 1848"). A toutes marges.

328 **Kindler von Knobloch, J.** Der alte Adel im Ober-Elsass. Berlin 1882, in-8°, 115 p., br. Av. 7 pl. d'armoiries. (Epuisé et rare).

329 **Kirschleger, Fréd.** Flore d'Alsace et des contrées limitrophes. Strasbourg 1852—1862. 3 vol. in-18, cart. (Très rare).

330 **Klagpunkte** der zehn Reichsstädte der kön. Landvogtey Hagenau, welche sie, in Gefolg . . . . in der zu Schlettstadt gehaltenen Versammlung übergeben haben. S. l. ni d. (1789), in-8°, 30 p., br. (Rare).

331 **Kléber, Jean-Baptiste.** — Ernouf, le Baron. Le général Kléber. Paris 1867, in-12, VII—355 p., demi-rel. chagr.

332 — Holl, Paul. Le Général Kléber. Notes et souvenirs publiés à l'occasion du centenaire de sa mort. Strasb. 1900, gr. in-8°, 43 p., br. Av. 3 pl. photolith.

333 — St(oeber), Ehr. Klebers Todtenfeyer. Den 7. September 1818. (En vers). Strassburg 1818, in-8°, 6 p., br.

334 — **Portrait.** — Klebert. Général d'Armée de la Rép. f. Assassiné en Egypte. In-8°, buste, à droite, en méd. ovale. F. Bonneville del. et sculp. A Paris rue St.-Jacques N° 195. Av. marges et 2 pages de texte in-4°.

335 **Kling, Joseph-Auguste.** — **Portrait.** — Joseph Auguste Kling, Représentant du Peuple (Bas-Rhin). In-fol., à mi-corps, assis, tourné à droite. Camarel, impr. Kæppelin & C°., à toutes marges. (Pl. de „l'Assemblée Nationale").

336 **Klingenthal.** — Helmer, Paul-Albert. La Manufacture d'Armes blanches d'Alsace établie au Klingenthal. (Extr. de la „Revue d'Alsace"). Rixheim 1903, in-8°, 83 p., br. Av. 1 vue.

337 **Koch, Christophe-Guillaume.** — Schweighaeuser, J. G. Vie de Christ. Guil. Koch . . . . rédigée au nom du Séminaire protestant. Strasb., s. d. (1813), in-8°, 78 p., br.

338 — — Même ouvrage, demi-rel. chagr.

339 — **Portrait.** — Chris. Guill. Koch. Prof. d'Histoire, Ex membre du Tribunat . . . . Recteur honoraire de l'Académie de Strasbourg etc. Gr. in-8°, buste à droite, en méd. ovale. Peint par Robert Lefèvre, gravé chez C. Guérin. A toutes marges.

340 **Kochersberg.** — Stoeber, Aug. Der Kochersberg, ein landschaftliches Bild aus dem Unter-Elsass. Mülhausen 1857, in-18, 66 p., demi-rel chagr.

341 **Kopp, Amelie Pauline.** Einfache Lieder und Gedichte. Strassburg 1866, in-8°, 145 p., br.

342 **Kopp, Emile.** — Meunier, Victor. Les Légionnaires de l'Exposition universelle de 1862: M. Emile Kopp, Chevalier de la Légion d'honneur. Paris 1863, in-12, 24 p., br. (Extr. du „Courrier de l'Industrie").

343 **Kœrttgé, Albert.** — **Vues** pittoresques d'Alsace. Eaux-fortes. 1re série: 12 planches. Strasb. 1898, très gr. in-fol., dans le carton-album orig. en toile.

344 **Kraus, Dr. F. X.** Kunst- und Alterthum in Elsass-Lothringen. Bd. I (Unter-Elsass). Strassburg 1876, in-8°, XVI—704 p., en 2 fasc. brochés. (Rare et recherché).

345 **Krug-Basse, Jules.** L'Alsace avant 1789, ou Etat de ses institutions provinciales et locales, de son régime ecclésiastique, féodal et économique, etc. Paris et Colmar 1876, in-8°, 361—5 p., demi-rel. toile.

346 **Laboulaye, Edouard.** — **Portrait.** — Edouard Laboulaye, membre de l'Institut, Prof. au Collège de France. *(Candidat libéral de Strasbourg au Corps législatif 1866).* In-12, à mi-corps, tourné à gauche. Lix. Lévy. Strasb., typogr. de G. Silbermann. A pet. marges.

347 **Lac blanc. — Vue.** — Le Lac blanc. Collignon pinx., Emile Blanchard del., Lith. de Becquet, à Paris. (Pl. des „Vosges pittoresques"). In-8° obl., av. marges.

348 **Laguille, Louis.** Histoire de la province d'Alsace, depuis Jules César jusqu'au mariage de Louis XV. 3 parties en un vol. Strasbourg 1727, in-fol., rel. veau anc. Av. cartes et front. (Bel exempl.)

349 **Landsperg, Herrade de.** Hortus deliciarum. Publ. par la Soc. pour la conservation des monuments hist. d'Alsace. Reproduction héliogr. d'une série de miniatures, calquées sur l'original de ce manuscrit du 12e siècle. Texte explicatif par les chanoines A. Straub et G. Keller. Ouvrage complet. Strasb., s. d., très gr. in-fol., demi-rel. chagr., av. coins.

350 **Landsberg, Charlotte de.** — Reuss, Rodolphe. Charlotte de Landsberg et le Sacrilège de Dorlisheim (1722—1723). D'après des documents inédits. Strasb. 1888, in-16, 52 p., broché.
351 **Landsberg.** — **Vue.** — Château de Landsberg, près Barr. (J. N. Karth). Lith. de G. Engelmann. In-12 obl., à gr. marges.
352 **Lauterbourg.** — Meyer, August. Geschichte der Stadt Lauterburg. Mit einer Gemarkungskarte und einigen Ansichten. Weissenburg i. E. 1898, in-8°, VIII—204 p., br.
353 **Lauth, Guillaume.** — **Portrait.** — Gme Lauth, Représentant du Peuple. (Bas-Rhin). In-fol., mi-corps, à gauche, assis. Dess. de Camaret, impr. Kæppelin. („Assemblée Nationale"). A gr. marges.
354 **Laville, Eugène.** — **Gravure.** — Chemin du Calvaire. Eau-forte, Eug. Laville fec., Imp. Lemercier. In-4°, av. marges.
355 **Lefebvre (le Maréchal).** — Blumstein, Félix. Le Maréchal Lefebvre intime. (Correspondance inédite). Strasb. 1900, in-8°, 38 p., br. (Extr. du „Bull. de la Soc. des Sciences . . . . de la Basse-Alsace").
356 **Lenz, Gotthold.** — Froitzheim, Dr. Joh. Lenz und Gœthe. Mit ungedruckten Briefen von Lenz, Herder, Lavater etc. Stuttg. 1891, in-8°, VIII—132 p., br. Avec le portrait de la Baronne d'Oberkirch.
357 **Lepage, Auguste.** Récits sur l'histoire d'Alsace. Tours 1884, gr. in-8°, 160 p., demi-rel. perc. Av. frontisp.
358 **Le Roy de Sainte-Croix.** L'Alsace en Fête, ou Histoire et description des fêtes, cérémonies, solennités, réjouissances, réunions . . . de l'Alsace. T. I. Strasb. 1880, gr. in-8°, LXXI—738 p., br. (N'a pas été continué).
359 **Lezay-Marnésia.** — Blessig, Johann Lorenz. Erinnerungen an Herrn von Lezay-Marnesia, gewesenen Präfekten des Nieder-Rheins. Strassb. 1814, in-8°, 16 p., br.
360 — Stöber, Ehrenfried. Klage bey dem Tode des edeln Lezay von Marnesia . . . Strasb. 1814, in-8°, 5 p., dérel.
361 **(L'Hermine, H. de).** Mémoires de deux voyages et séjours en Alsace, 1674—76 et 1681. Avec un itinéraire descriptif de Paris à Basle et les vues d'Altkirch et de Belfort dessinées par l'auteur LDLSDL'HP. Publié pour la première fois d'après le manuscrit original par LBJCM. Mulhouse 1886, gr. in-8°, III—264 p., demi-rel. toile.
362 **Lichtenberg, Conrad de.** — Spach, Louis. Une charte de l'Evêque Conrad de Lichtenberg. (Feuilleton de „l'Alsace"). Strasbourg 1841, in-8°. 8 p., br. (Mauvais état).
363 **Lichtenberger, Jean-Frédéric.** — **Portrait.** — J. F. Lichtenberger. In-8°, buste, 3/4 à gauche, en méd. ovale, J. D. Beyer fecit, lith. de Engelmann & Co. (Pl. de la „Galerie alsacienne").
364 **Liechtenberger, Louis.** — **Portrait.** — L. Liechtenberger, Commissaire de la République et Représentant du Dépt du Bas-Rhin à l'Assemblée Nationale. (Né à Ribeauvillé le 10 août 1789). Gr. in-fol., à mi-corps, tourné à gauche. D'après nature par F. Bernard et lith. par J. Bürck 1848. Lith. E. Simon fils. Fond teinté. A gr. marges.
365 — — L. Liechtenberger, Représentant du Peuple. (Bas-Rhin). In-fol., à mi-corps, à droite. J. Jucatt(?), lith. de Becquet frères. Av. marges.
366 **Liechtenberger, Marie-Louis.** — Procès de l'Association du Bas-Rhin contre l'impôt sur les boissons et sur le sel, contenant la défense complette des citoyens Liechtenberger, Boersch et Silbermann, et la plaidoierie de Me Martin. *Strasb. 1834, in-8°, 100 p., br. (2 exempl.)

367 **Lièpvre (Val de). — Vues.** — Travaux de mines dans le val de Lièpvre. 8 grav. sur bois anc., (dont 7 extr. de „Seb. Münster's Cosmographia“ 1545). Sur 2 feuilles de carton.

368 — — Das Bergwerck im Leberthal anno 1545, nach Seb. Münster's Cosmographie. 1 grande feuille lithogr. représentant la carte minière entourée de 10 fig. div.

369 **Linange-Dabo, Christian Charles René Comte de.** — Précis de l'Instance d'entre le Sieur Christ. Ch. René Comte de Linange-Dabo Heidesheim, Défendeur, contre Messire Louis Prince héréditaire de Hesse-Darmstadt, Demandeur, et encore les Abbé, Doyen et Religieux capitulaires de l'Abbaye princière de Mourbach, mis en cause. Av. Supplément. S. l. (1740), in-fol., 7—12 p., br.

370 **Lobstein, Jean-Frédéric.** — Lobstein, Ed. Joh. Fried. Lobstein, Professor der innern Klinik und Pathologischen Anatomie . . . zu Strassburg. Sein Leben und Wirken. Ein Beitrag zur Säcular-Feier seiner Geburt. Strassb. 1878, in-8°, XI—267 p., br.

371 **Lorraine.** — Beauvau, Marquis de. Mémoires pour servir à l'Histoire de Charles IV, Duc de Lorraine et de Bar. Cologne 1687, in-24, 456 p., plus préface et indice des matières, rel. bas. anc.

372 — Bégin, Em.-Aug. Histoire des Duchés de Lorraine et de Bar et des Trois-Evêchés. Nancy 1833. 2 vol. in-8°, demi-rel. veau, dos orn.

373 — Benoit, A. Souvenirs de la première révolution dans le pays Messin et dans le diocèse de Metz. Metz 1881, in-8°, 19 p., br.

374 — — Les protestants du duché de Lorraine sous le règne du roi Stanislas, le philosophe bienfaisant 1737—1766. (Extrait de la „Revue d'Alsace“). Mulhouse 1885, in-8°, 140 p., demi-rel. toile.

375 — Benoit, Louis. Notes sur la Lorraine allemande: Les Rhingraves et les Reitres pendant les guerres de religion du 16e siècle. Nancy 1860, in-8°, 73 p., br. Av. 1 planche lith.

376 — Coutumes générales du Duché de Lorraine pour les Bailliages de Nancy, Vosge et Allemagne. Nouv. éd., impr. sur cellé de 1614. Nancy 1733, in-24, rel. (Rogné).

377 — Godron, D. A. Etude ethnologique sur les Origines des populations lorraines. (Extr. des „Mém. de l'Acad. de Stanislas“). Nancy 1862, in-8°, 43 p., br.

378 — Lorraine (La) illustrée. Paris 1886, gr. in-4°, XXXVII—740 p., demi-rel. ord. Av. grand nombre de gravures. (Ouvrage de luxe faisant pendant à „Grad, L'Alsace“).

379 — Mathieu, l'abbé D. L'ancien régime dans la province de Lorraine et Barrois, d'après des documents inédits (1698—1789). Paris 1879, in-8°, XII—469 p., demi-rel. toile.

380 — Munier-Jolin, J. L'ancien régime dans une Bourgeoisie lorraine. Etude historique. Paris 1885, in-8°, XXIV—416 p., demi-rel. toile.

381 — Pfister, Ch. Un Mémoire de l'abbé de Rulle sur les tombeaux des Ducs de Lorraine et sur Nancy pendant la Révolution. Nancy 1902, in-8°, 24 p., br. (Extr. du „Bull de la Soc. d'Arch. lorr.“).

382 — Toussaint, Fr. W. Deutsch-Lothringen und sein Ackerbau. Eine landwirtschaftl.-statist. Denkschrift z. Culturgeschichte des Reichslandes. Metz 1875, gr. in-8°, IV—196 p., br.

383 — Wilhelm, Jean-Baptiste. Histoire abrégée des ducs de Lorraine depuis Gérard d'Alsace jusqu'à François III. Nancy 1735, in-18, XI—213 p., rel. veau anc., tr. rouges.

384 — **Vues et Plans.** — Plans et Profilz des principales villes du duché de Lorraine, avec la carte gén. et les particuliéres de chascun gouvernement d'icelles. S. l. ni d., in-8° obl., 27 planches gravées, br.

385 **Lorraine, Catherine de.** — Pfister, Ch. Catherine de Lorraine (1573—1648). (Extr. des „Mémoires de l'Acad. de Stanislas"). Nancy 1898, in-8°, 92 p., br.

386 **Lorraine, Marguerite de.** — Warren, Lucien de (Vicomte). Marguerite de Lorraine, Duchesse d'Orléans, 1615—1672. (Extr. du „Bull. de la Soc. philom. vosg.") Saint-Dié 1883, gr. in-8°, 41 p., br.

387 **Lorraine. — Carte.** — Gouvernements de Lorraine et des Trois Evêchés. Gravé par P. F. Tardieu, écrite par Aubert. 4 feuilles in-fol. obl., color., réunies en 2 feuilles.

388 **Lorraine. — Portraits. — Carolus V.** D. G. Lotharingiae et Barri etc. Dux. Gr. in-8°, fig entière, à cheval, J. Peeters Ant. Belle épreuve, rognée.

389 — — **Henry de Lorraine,** dit le Cadet à la Perle. In-12, à mi-corps, tourné à droite, dans un ovale sur socle. Nic. Mignard pinx., Fiquet sculp. J. Bernard, 77 rue de Rivoli. Belle épreuve, à gr. marges.

390 — — **Leopoldus I.** D. G. Lot. Bar. D. Rex. ier. P. P. et. Delitium. In-8°, à mi-corps, tourné à dr., dans un encadr. ovale, av. armoiries. Peter Fehr sculpsit Francf. Av. marges.

391 **Lorraine (Maison de) — Arbre généalogique.** Au bas, vue de Nancy. Lég. all. en 8 vers. In-fol., grav. sur cuivre, Joh. Tackig D., à toutes marges.

392 **Ludwig, Hermann (v. Jan).** Erzählungen aus dem Wasgau. Leipzig 1887, in-12, VII—144 p., br. Avec couverture ornée, tête dorée.

393 **Lützelhardt (Château de).** — Hartmann, C. Fr. Das Schloss Lützelhardt. Ein historisch-elsässisches Rittergemälde. Strassb. 1836, in-12, VIII—152 p., br.

394 **Marchand, C.** Procès du Patriote Alsacien, ou Défense prononcée devant la cour d'assises du Bas-Rhin, le 15 Juin 1820. Strasb. (1820), in-8°, IV—48 p., demi-rel. chagr.

395 **Marckwald, Ernst.** Elsass-lothringische Bibliographie. I. 1887. Strassb. 1889, gr. in-8°, VIII—120 p., br.

396 **Marienthal. — Vue.** — Vue de l'Eglise et du Couvent de Marienthal. Lith. de F. Boehm à Strasb. Gr. in-8° obl., à gr. marges.

397 **Marmoutier.** — Spach, Louis. L'abbaye de Marmoutier et le couvent de Sindelsberg. Strasb. 1861, in-8°, 28 p., br. Av. grande planche coloriée.

398 **Martin, Edouard. — Portrait.** — Edouard Martin (de Strasbourg). Né à Mulhouse, le 7 juin 1801, Membre de la Commission de Constitution. (Pl. de „l'Assemblée Nat., Galerie des Représentants du peuple, 1848"). Pet. in-4°, buste, 3/4 à gauche, fond teinté. Lith. d'après nat. par Llanta, impr. Lemercier, E. Desmaisons direxit. A gr. marges.

399 **Marville. — Vue.** — Prospect der Citadell zu Marville in Lothringen. G. Ch. Kilian exc. A. V. In-18 obl., grav. sur cuivre, av. marges.

400 **Matter, Jacques. — Portrait.** — J. Matter. In-8°, buste, en méd. ovale, J. D. Beyer fecit, lith. de Engelmann, av. marges. (Pl. de la „Galerie alsacienne").

401 **Meckert (Chez). — Vue.** — Chez Meckert, Maison forestière des bois de Strasbourg. Gr. in-8° obl., lith. par Th. Müller, Lith. de Simon fils. (Pl. des „Vues du Ban de la Roche"). Av. marges.

402 **Meiner, Mme Jules.** — Meyer, A. Discours prononcé le 31 août 1900 aux funérailles de Madame Jules Meiner. Montbéliard (1900), in-8°, 12 p., br.

403 **Meister, Aloys.** Die Hohenstaufen im Elsass, 1079—1255. Strassb. 1890, in-8°, 160 p., br.

404 **Metz.** — (Cajot, Dom Joseph). Les Antiquités de Metz, ou recherches sur l'origine des Médiomatriciens. Metz 1760, in-18, XIV—319 p., rel. veau anc., tr. rouges. (Rare et recherché).

405 — Pfister, Christian. L'Archevêque de Metz Drogon. (823—856). (Extr. des „Mélanges Paul Fabre"). Paris 1902, in-8°, p. 101—145, br.

406 **Metz.** — Prost, Aug. L'Ordonnance des Maiours. Etude sur les institutions judiciaires à Metz du 13e siècle au 17e. Paris 1878, in-8o, 122 p., br. (Extr. de la „Nouv. Rev. hist. du Droit franç. et étrang.") (2 ex.)

407 — **Vue d'ensemble.** — „Metz. Eine von denen Dreyen dem H. Röm. Reich von der Cron Franckreich Entzogenen Reichs Staetten in Lothringen". G. Bodenehr fec. exc. A. V. Lég. allem. In-fol. étroit obl., à pet. marges.

408 — **Vues.** — **Cathédrale.** — Vue de la Cathédrale, côté du levant. Lith. par J. Arnout d'après Migette, impr. Lemercier. (Pl. de „Metz anc. et mod.") Pet. in-fol., à gr. marges, teintée.

409 — — — Vue de la Cathédrale de Metz, prise de la Place Napoléon et considérée isolément des bâtimens qui l'entourent. In-fol. obl., Lith. Etienne à Metz, à pet. marges.

410 — — **Porte des Allemands.** Assiégée par Charles-Quint en 1552. Lith. par J. B. Arnout d'après Migette, impr. Lemercier, Paris. (Pl. de „Metz anc. et mod.") Pet. in-fol. obl., à gr. marges, col.

411 **Migeon, Jules.** — (Rocher, Ad.) Procès complet de M. le Comte Jules Migeon, Député au corps législatif pour le département du Haut-Rhin. Compte-rendu du „Droit, Journal des Tribunaux", revu et complété. Paris (1857), in-8o, 183 p., demi-rel. chagr.

412 — **Portrait.** — Jules Migeon, né à Méziré (Haut-Rhin) le 7 Février 1815. In-8o, à mi-corps, à gauche, lith. d'après nature, imp. Lemercier, E. Desmaisons direxit. Epreuve sur Chine, à gr. marges. (Pl. de l'„Assemblée Nat., Galerie des Représentants du peuple, 1849").

413 **Montbéliard.** — Duvernoy (C.) Ephémérides du Comté de Montbéliard ..... dès le 13e siècle jusqu'en 1793; avec une introduction historique et la série des comtes de Montbéliard. Besançon 1832, in-8o, XXXVI—520 p., br.

414 — Tuefferd, P. E., Histoire des comtes souverains de Montbéliard, d'après les documents authentiques. Avec supplément. (Extr. des „Mém. de la Soc. d'Emul. de Montb.") Montbéliard 1877. En 2 vol. in-8o, VIII—661 et 79 p., demi-rel. toile. Av. 1 carte.

415 **Mossmann, X.** Un échec militaire de Henri IV en Alsace, d'après des documents inédits. (Extr. du „Bulletin du Musée hist.") Strasbourg 1881, gr. in-8o, 31 p., br.

416 **Moyenmoutier.** — Belhomme, Humb. Historia mediani in monte Vosago Monasterii ord. sancti Benedicti ex congregatione sanctorum Vitoni et Hidulfi. Argentorati 1724, in-4o, VIII—469 p., rel. veau anc., armoiries sur les 2 plats. Av. 4 pl. grav. Bel exemplaire d'un ouvrage fort rare et recherché).

417 **Mulhouse.** — Ehrsam, N. Notice historique sur les Armoiries de la ville de Mulhouse. Mulhouse, s. d., in-8o, 9 p., demi-rel. chagr. Av. 1 planche col.

418 — — L'Hôtel-de-ville de Mulhouse. Mulhouse 1868, 14 p., br.

419 — Kleuck, Aug. Le vieux Mulhouse à table. Esquisse de moeurs épulaires. Mulhouse 1875, in-8o, VI—61 p., demi-rel. toile.

420 — Maeder, Ad. Die letzten Zeiten der ehemaligen eidsgenössischen Republik Mülhausen, her. v. Aug. Stoeber. Mülh. 1876, in-8o, VIII—125 p., demi-rel. toile.

421 — Mieg, älter, Matheus. Der Stadt Mülhausen Geschichte, bis z. Jahr 1816. Mülhausen 1816—1817. 2 parties en 2 vol. in-4o, cart. Av. gr. vue de Mulhouse. (Rare).

422 — Mossmann, X. La guerre des six deniers à Mulhouse (Sechs Plappert-krieg). Paris 1868, gr. in-8o, 28 p., demi-rel. chagr.

423 — Petri, Jacob Henric. Der Statt Mülhausen Historien, mit 23 Tafeln und Beilagen in Lichtdruck, darunter 12 Original-Compositionen von Carl Spindler. Mülhausen 1896, in-8o, 285 p., br., couv. ill.

424 **Mulhouse.** — Statuten (Die) und Gerichtsordnung der Stadt Müllhausen. 1740. — Ehegerichts-Ordnung. 1744. — Erb-Recht. 1742. — Bau-Recht. 1742. — Feld-Recht. 1744. — Kauffhauss- u. Zoll-Ordnung. 1767. — Erneuerte Kirchenstuhl-Ordnung. 1770. — Les sept réunis en 1 vol. in-fol., demi-rel. anc.

425 — Stœber, Aug. Die bürgerlichen Aufstände in der Stadt Mülhausen am Ende des 16. Jahrhunderts. Nebst Auszügen aus Jacob Heinrich Petri's handschriftlichem Notizenbüchlein von 1593—1627. Mülhausen 1874, in-8°, XI-103 p., br.

426 — — Recherches sur le droit d'asile de Mulhouse, au 16e siècle. Nouvelle édition revue et augm. Mulhouse 1884, gr. in-8°, 70 p., br. (2 exempl.)

427 — Tournier, C. Mülhausen im XVI. Jahrhundert. Die Reformation in Mülhausen und der Aufruhr von 1587, Illzach 1894, in-8°, 53 p., br.

428 — **Vues. — Hôtel de ville** de Mulhouse. Grav. sur bois mod., fond teinté. In-8° obl., av. marges.

429 — — **Vue du Pont** (Canal du Rhône au Rhin). Dess. d'après nat. p. J. Pedraglio. Imp. Lavis Aquarelle Lith. F. Simon à Strasb. (Pl. des „Vues de Mulhouse"). In-fol. obl., à gr. marges.

430 **Müllenheim-Rechberg, Gebhard de.** — Rocholl, Dr. Heinr. Der Königliche Polnische Oberjägermeister und Kämmerer Herr Gebhard von Müllenheim-Rechberg (aus dem Elsass) 1599—1673. Mit 2 Photographien. (Extr. de la „Gemeinde-Zeitung f. Els.-Lothr.") Strassb. 1881, in-8°, 32 p., br.

431 **Mündel, C.** Die Strassenbahn Strassburg-Markolsheim, nebst Ausflügen in den Kaiserstuhl. Mit 10 Illustr. u. 2 Karten. („Streifzüge und Rastorte im Reichslande", H. 1). Strassb., s. d., in-18, 64 p., br.

432 — Haussprüche und Inschriften im Elsass. (Sep.-Abdr. aus den „Mitteilungen des Vogesenclubs"). Strassburg 1883, in-8°, 76 p., br.

433 **Münster (Ville et Vallée).** — Bartholdi, Ch. Notice historique et statistique sur la vallée de Munster (Haut-Rhin). Paris 1845, pet. in-4°, 12 p., br. (Rare). — Quelques corrections en marge.

434 — Calmet Dom. Histoire de l'abbaye de Munster etc. Textes inédits transcrits, annotés et publiés avec une préface par F. Dinago. Colmar 1882, in-8°, XII—255 p., demi-rel. toile.

435 — Hecker, Dr. Friedrich. Die Stadt und das Thal zu Münster im St. Gregorienthal. Münster 1890, in-8°, IX-192 p., br.

436 — Ingold, A. M. P. Les Bénédictins de Munster en Alsace et la question de l'auteur du livre de l'imitation de Jésus-Christ. (Extr. de la „Revue bénédictine"). Paris 1896, in-8°, 21 p., br.

437 — — L'Abbaye de Munster au Val Saint-Grégoire. (Avec 6 planches). Strasb. 1898, gr. in-8°, 10 p., br. (Extr. du „Bull de la Soc. ... des Mon. hist.")

438 — Münsterthal (Das). Ein Führer für Touristen. Mit 7 Abbildgn. u. 3 Routenkarten. Strassb. (1891), in-16, 64 p., br. („Streifzüge u. Rastorte", H. 5).

439 — Ohl, Ludwig. Geschichte der Stadt Münster und ihrer Abtei im Gregorienthal. Mit Illustrationen u. Karte. Vorbruck-Schirmeck 1897, gr. in-8°, XVI-554 p., br.

440 **Murbach.** — Gatrio, A. Die Abtei Murbach in Elsass. Nach Quellen bearbeitet. Strassburg 1895. 2 vol. in-8°, br. Av. qques. planches photolith.

441 **Mutzig.** — **Vue.** — Mutzig. Sandmann del. et lith. Se vend chez Bernard ... Pet. in-fol. obl., à gr. marges.

442 **Naeher, J.** Die Burgen in Elsass-Lothringen. Ein Beitrag zur Kenntniss der Militär-Architectur des Mittelalters. Heft 1 u. 2 complet. Strassb. 1886, in-4°, broché. Avec 15 planches autographiées. (2 exempl.)

443 **Nancy.** — Cayon, Jean. Monuments anciens et modernes de la ville de Nancy.... Dess. d'après le daguerréotype. Nancy 1847, in-8°, 42 pl., av. texte descriptif, cart. orig.

444 — Pfister, Ch. La Bataille de Nancy. Conférence faite le 27 nov. 1892 au nom du Comité de la Croix de Bourgogne. (Nancy 1892) in-18, 32 p., br.

445 — — Cours d'Histoire locale. Histoire de la ville de Nancy. Leçon d'ouverture. (Nancy 1894), in-8°, 23 p., br.

446 — — Donation de l'Eglise de Saint-Dizier au Prieuré Notre-Dame de Nancy. (Extr. des „Mém. de la Soc. d'Archéologie lorr.") Nancy 1896, in-8°, 18 p., br.

447 — — L'Abbaye de Molesme et les Origines de Nancy. (Extr. des „Etudes d'hist. du Moyen Age dédiées à Gabr. Monod.") Paris 1896, gr. in-8°, 15 p., br.

448 — — L'Energumène de Nancy: Elisabeth de Ranfaing et le Couvent du Refuge. Nancy 1901, in-8°, 82 p., br.

449 — **Vue.** — Nanceum. Nancy. Vue à vol d'oiseau. (Bodenehr?) Gr in-8° obl., lég. allem., av. marges. (Pl. 121 d'un ouvrage allem.)

450 **Nasser, Barthélemi.** — **Portrait.** — Effigies reverendi et clariss. viri Dn. Bartholomaei Nasseri, Argentorati ecclesiae Thomanae pastoris, . . . obijt 1614. an. aetatis 54. In-8°, à mi-corps, tourné à droite. J. a b Heyden sculpsit, lég. et 5 vers lat., pet. marges.

451 **Neuwiller.** — **Vues.** — Eglise Saint-Pierre et Saint-Paul de Neuwiller. Boeswilwald del., F. Penel et Soudain sc. 4 planches in-fol., à gr. marges. („Monuments historiques").

452 **Neyremand, Ernest de.** Petite Gazette des tribunaux d'Alsace. Années 1859 à 1861. (Tout ce qui a paru.) Colmar 1863, en 1 vol. in-4°, demi-rel. chagr., non rogné.

453 **Nied, Emile.** — Lebenslauf von Pfarrer Emil Nied. 1830—1890 (von ihm selbst verfasst). Strassb. 1890, in-8°, 48 p., br. Av. portr. en photolith.

454 **Niederbronn.** — Kirstein, W. Das Wasgaubad Niederbronn und seine Umgebung. („Streifzüge und Rastorte im Reichslande," Heft II). Strassburg 1888, in-8°, 88 p., br. Av. 10 illustrations et 1 carte.

455 — Matthis, Ch. Aus Niederbronn's alten Zeiten. Seine Vorgeschichte, seine röm. Bäder u. deren Entdeckung im J. 1593. Illustr. v. L. Schnug. Strassb. 1891, in-8°, 60 pages, br.

456 — Ring, M. de. Souvenir des bains et des environs de Niederbronn. Album de 12 planches grav. sur acier, av. une carte et un texte descriptif. Strasb., s. d., in-24 obl., 28 p., cart.

457 **Niedermünster.** — **Vue.** — Vue de la vallée de Niedermünster. J. N. K(arth), lith. de Engelmann. In-8° obl., à gr. marges.

458 **Oberlin, Jean-Frédéric.** — Spach, L. Oberlin, pasteur du Ban-de-la-Roche. Strasbourg 1866, in-12, VII—244 p., demi-rel. toile. Av. portr. et vue lith.

459 — Stoeber, D. E., l'aîné. Vie de J. F. Oberlin, pasteur à Waldbach, au Ban-de-la-Roche. Strasbourg 1831, in-8°, VIII—VI—616 p., demi-rel. toile. Orné de 7 lithographies.

460 **Oberlin, Jérémie-Jacques.** — Blessig, Dr. Joh. Lor. Gedächtniss-Rede auf Herrn Jeremias Jakob Oberlin, Professor der Akademie in Strassburg . . . Gespr. d. 13. Okt. 1806 zu St. Thomä. Strassb. (1806), in-12, 23 p., br.

461 — **Portrait.** — Jérémie Jacques Oberlin, Associé de l'Institut National, Prof. et Bibliothéc. de Strasbourg. Agé de 66 ans. In-8°, buste, profil, à gauche. Dessin. d'après nature et gravé par Ch. L. Schuler, en 1801. Av. marges. Monté sur papier in-fol.

462 **Obernai.** — Dorlan. Mémoire à consulter pour la ville d'Obernai . . . . contre la commune de Bernardswiller. Strasb., s. d., in-4°, 120 p., demi-rel. chagr. Av. 1 carte.

463 **Obersteigen.** — Fischer, Dag. Das Kloster und das Dorf Obersteigen, im Unter-Elsass, hist. u. topogr. beschrieben. (Extr. de „l'Alsatia"). Colmar 1875, in-8°, 42 p., br.

464 **Obrecht, Ulr.** Alsaticarum rerum prodomus. Argentor. 1681. 1 vol. in-4°, XII—346 p., cart.

465 **Ochsenstein.** — Fischer, Dagobert. Ochsenstein. Les Châteaux et la Seigneurie. Etude historique. Saverne 1878, in-8°, 64 p., br. Av. 1 plan et 1 tableau généalogique.

466 **Ohmacht (Sculpteur).** — **Portrait.** — Ohmacht. Pet. in-fol., buste, 3/4 à gauche. Lith. par Flaxland, lith. de Simon fils. Av. marges. (Pl. de l'„Album alsacien").

467 **Oelenberg (Mont des Olives).** — Ruff, Karl. Die Trappistenabtei. Oelenberg u. der Reformierte Cistercienser-Orden. Mit 8 Abbildungen. Freiburg i. B. 1898, in-16, VII—128 p., br.

468 — (Stoeber, Aug.) Die Rechte und Besitztümer des Klosters Oelenberg, im Ober-Elsass, in der Mitte des 18. Jahrhunderts. (Extr. de la „Mülhauser Zeitung"). Mülhausen 1871, in-8°, 59 p., br.

469 **Ordonnances.** — Statuts et Privilèges de la Noblesse franche et immédiate de la Basse Alsace .... Frey ohnmittelbaren Ritterschaft im Untern Elsass Adeliche Ritter-Ordnung. Strassb. 1713, pet. in-fol., 176 p., pl. rel. veau anc. **(Avec Ex libris héraldique:** „Christianus Comes in Königsegg et Rottenfels... Eccl. Cathedr. Argent. Canonic.")

470 **Ormont (Le massif d').** — Golbéry, Gaston de. Ormont. Légendes, histoire, paysages vosgiens. (Extr. de l'„Annuaire du Club alpin franç.") Paris 1884, in-8°, 30 p., br.

471 **Ortlieb, Jules.** — Allocutions et Discours prononcés à l'occasion de la mort de M. Ortlieb, Professeur à la Faculté de Droit de Nancy. Nancy 1879, in-8°, 26 p., br. (2 exempl.)

472 **Ott, Eugène-Daniel.** — Schirmer, Henri. L'Indemnité Ott — ne pas lire Pritchard. Dialogue de deux Alsaciens sur l'affaire Ott-Eulenbourg. Paris 1866, in 8°, 31 p., br.

473 **Otto, Marcus.** — **Portraits.** — Otto, Marcus, U. I. D. et Reipub. Argentinensis aliorumq., Statuum, Imp. Consil., et ad Tract. Pac. General. Legatus. Anselmus van Hulle pinx., Pet. de Jode sculps. 1649. Pet. in-fol., buste à gauche, dans un ovale encadré, av. armoiries et socle. Av. marges.

474 — — Otto, Marcus. I. c. tus, inclutae Reipubl. Argentoratensis ... Aetatis suae 75 ... In-fol., à mi-corps, tourné à dr., en méd ov., av. encadr. et armoiries. T. Roos delin., B. Kilian sculps. Lég. et 8 vers lat. Sans marges.

475 **Pack, Johann Daniel** (gewesener Postbeamter). Die Strassen der Ober- und Nieder-Rheinischen Departementer oder des ehemaligen Elsasses. Strassburg, s. d., in-24, 110 p., cart.

476 **Panorama des Vosges** et du Chemin de fer de Strasbourg à Bâle. Dessiné d'après nature par Emile Simon fils et Th. Müller. Strasbourg 1844. 1 vol. in-4° de 14 planches in-fol. obl. pliées en 4, cart.

477 **Pappus, Jean.** — Horning, W. Dr. Johann Pappus von Lindau 1549—1610, Münsterprediger, Univers.-Prof. u. Präsident des Kirchenkonvents zu Strassburg. Mit dem Brustbild. Strassb. 1891, in-8°, VII—324 p., demi-rel. perc.

478 **Pardiellan (le Commandant de) et Fréd. Régamey.** Récits militaires d'Alsace. Av. gravures et planches. Strasb. 1905, in-fol., en 33 livr. non reliées.

479 **Petit-Gérard, B.** Quelques études sur l'art verrier et les vitraux d'Alsace. (Extr. du „Bull. de la Soc.... des Mon. hist.") Strasbourg 1861, in-8°, 31 p., demi-rel. chagr. Av. 2 planches. (Très rare et recherché).

480 **Petite-Pierre (La).** — Lehr, Ernest. Notice historique et généalogique sur les Comtes de la Petite-Pierre en Basse-Alsace, d'après des documents inédits. (Extr. de la „Revue d'Alsace"). Strasbourg 1874, in-8°, 39 p., br.

481 **Pezay (le Marquis de).** Les Soirées hélvétiennes, alsaciennes et fran. comtoises. Amsterdam 1771, in-18, 420 p., demi-rel. parch., tr. rouges.

482 **Pfaffenhoffen.** — **Vue.** — Maison du Notaire. Photographie in-8° obl., collée sur carton blanc.

483 **Pfeffel, Chrétien-Frédéric.** — Stoeber, August. Chr. Fr. Pfeffel, der Historiker und Diplomat. Blätter zu dessen Erinnerung. Mülhausen 1859, in-8°, 64 p., demi-rel. chagr.

484 **Pfeffel, Christ. Hubertus.** Commentarii de limite Galliae. Argentorati 1785, pet. in-4°, 164 p., br. Av. front. gravé. (Dissertation).

485 — Limes Franciae. Pars I: Limes Franciae ab Oceano ad Rhenum. Argentorati 1785, in-4°, 162 p., br.

486 **Pfeffel, Théoph.-Conrad** (ou **Gottlieb-Conrad**). Fables et Poésies choisies, trad. en vers franç, et précédées d'une notice biograph. par P. Lehr. 2e édit. Paris 1850, in-12, 322 p., cart. Av. dédicace signée et portrait de P. Lehr.

487 **Pfeffel, Théophile-Conrad.** — Klein, Theod. Pfeffel-Album. Gaben elsässischer Dichter. Mit d. Portr. Pfeffels. Colmar 1859, in-8°, VII-300 p., br.

488 — **Portrait.** — G. C. Pfeffel. In-8°, buste, profil à droite, en méd. ovale. J. D. Beyer fecit, lith. de Engelmann et C°, av. marges. (Pl. de la „Galerie alsacienne").

489 **Pfister, Chr.** Congrès des Sociétés savantes à Nancy. Discours prononcé à la séance générale du Congrès le 13 Avril 1901. Paris 1901, gr. in-8°, 14 p., br.

490 **Phalsbourg.** — Benoit, Arthur. Phalsbourg et ses monuments. (Extr. des „Mém. de la Soc. d'Arch. lorr.") Nancy 1870, in-8°, 27 p., br. Av. 2 planches lith.

491 — Fischer, Dag. Die Stadt Pfalzburg. (Abdruck aus dem „Elsäss. Samstagsblatt"). Mülhausen 1865, in-8°, 30 p., br.

492 **Philippsbourg (s. le Rhin).** — **Plan.** — Wahre Abbildung der Fürtrefflichen Vestung Philippsburg, wie die von dem Wol-Edel ... Herrn Ludwigen Schmidtberg ... belägert vnndt endlich durch Accordt eingenommen worden, den 6./16 January, A° 1634. In-fol. obl., à pet. marges.

493 **Pick, Alph.** — **Manuscrit.** — Varia. 1879. In-16, 157 p. d'une écriture très lisible, rel. perc. rouge.

494 **Pick, Frédéric-Alphonse.** — **Diplôme,** en allemand, décerné lors de son 75e anniversaire de naissance. Peint par A. Vanotti 1883. In-fol., av. marges.

495 **Plümo, Carl.** Die Steckelburger in der Schweiz. Reise-Eindrücke der Familie Kibs. In Reime gebracht. Basel 1864. 12 Hefte in-12 brochés en 11 fasc. Av. 8 vues color.

496 **Polaczek, Ernst.** Der Uebergangsstil im Elsass. Ein Beitrag zur Baugeschichte des Mittelalters. Strassb. 1894, in-8°, VIII-108 p., br. Avec 6 pl. photolith. (Forme le Heft 4 du T. I des „Studien zur Deutschen Kunstgeschichte").

497 **Prox, Joh. Henricus.** De Poetis alsatiae eroticis medii aevi, vulgo von den elsaessischen Minnesingern. Argentorati 1786, in-4°, II—34 p., br. (Dissertation).

498 **Raon-l'Etape.** — Cabasse, P. Notes historiques et topographiques sur la commune de Raon-l'Etape. (Extr. des „Annales de la Soc. d'Emul. des Vosges"). Epinal 1877, in-8°, 49 p., br.

499 **Rapp, Jean (le Général).** — Henry, Edouard et Victor. A l'Armée Française. Vers composés pour l'inauguration de la statue du général Rapp, à Colmar, 31 Août 1856. Colmar (1856), in-8°, 13 p., br.
500 — Marcognet, Baron de. Détails de la cérémonie funèbre de M. le lieutenant-général Comte Rapp, Pair de France. Colmar 1821, in-8°, 24 p., br. Grande tache d'huile sur couverture.
501 **Raess, André.** — **Portrait.** — Monseigneur André Raess, Evêque de Rhodiopolis, Coadjuteur de Mgr. l'Evêque de Strasbourg, sacré à Strasb., le 14 Févr. 1841. Buste, 3/4 à gauche, en méd. octog., av. encadr. allég. impr. en or. Perrin Lith. Publ. et se trouve à la lithographie de M. F. Bœhm. In-fol., à gr. marges.
502 **Rastatt.** — Reuss, Rod. L'Assassinat de Rastatt et son dernier historien. (Extr. de la „Rev. crit. d'hist. et de litt.") Paris 1902, in-8°, 22 p., br.
503 **Raynouard.** Die Tempelherren. Ein Trauerspiel. Nach d. Französ. metrisch übersetzt v. **Ehrenfried Stöber.** Strassb. 1805, in-8°, VIII—92 p., br.
504 **Rebe, Maria.** Vogesengrün. Ein elsässischer Familienkalender, 1888, 1889, 1891—1894. Strassburg. 6 vol. in-16, cart. orig.
505 **Reber, Jean-Georges.** — **Portrait.** — J. G. Reber. In-4°, buste à gauche, par Flaxland, lith. de Simon fils, épreuve sur Chine, à gr. marges. (Pl. de „Sandmann, Vues des villes et bourgs"). (2 exempl.)
506 **Redslob, François-Henri.** — Willm, J. Discours prononcé le 26 Déc. 1834, pour rendre les derniers honneurs académiques à M. François-Henri Redslob, Docteur en Théologie, Doyen de la Faculté de Théologie de Strasbourg, etc. Strasbourg 1835, in-8°, 29 p., demi-rel. chagr.
507 **Réformation.** — Röhrich, Tim. Wilh. Geschichte der Reformation im Elsass und besonders in Strassburg. Strassb. 1830—1832. 3 vol. in-12, demi-rel. toile. Av. 4 portr. (Rare).
508 — Villers, Ch. de. — Précis historique sur la présentation de la confession d'Augsbourg à l'empereur Charles-Quint, par plusieurs princes, états et villes d'Allemagne. Suivi du texte de la confession d'Augsbourg en trad. franç. Strasbourg 1817, in-12, VIII—154 p., cart.
509 **Reiber, Emile.** Les propos de table de la Vieille Alsace. Illustrés tout au long de Dessins originaux des anciens Maîtres alsaciens. Paris 1886, in-4°, XVI—232 p., sur pap. des Vosges à la forme, br., couv. orig. ill. (Bel exempl.)
510 **Reiber, Ferd.** Etudes Gambrinales. Histoire et archéologie de la bière et principalement de la bière de Strasbourg. Paris 1882, in-8°, 245 p., br.
511 **Reiber, Ferd.** — Iconographie alsatique. Catalogue des estampes et des livres de la collection de Ferdinand Reiber. Préface de Rod. Reuss. Strasbourg 1896, gr. in-8°, XXIX—551 p., pap. de Hollande, br. Av. port. en héliograv.
512 **Reichsland (Das) Elsass-Lothringen.** Landes- und Ortsbeschreibung. Her. v. Statist. Bureau d. Ministeriums f. Els.-Lothr. Strassb. 1898—1903. 3 vol. gr. in-8°, rel. toile orig.
513 **Remiremont.** — Gley, Gérard. Une excursion dans les Vosges. Remiremont, Gérardmer, Le Hohneck. (Extr. des „Annales de la Soc. d'Emul. des Vosges"). Epinal 1872, in-8°, 30 p., br.
514 — Richard. Une Cité lorraine au moyen-âge ou Remiremont en 1465. Fragment d'un manuscrit contenant divers monuments diplomatiques relatifs à l'histoire civile et religieuse de cette ville. (Extr. de „l'Annuaire des Vosges"). Epinal 1847, in-8°, 45 p., br. Av. une grav.
515 **Reuchlin, Frédéric-Jacques.** — **Portrait.** — Fridericus Jacobus Reuchlin, S. Theol. D. Prof. ordin. Argent. Cons. Eccl. Praes. Cap. Thom. Praepos. A. 1785, aet. 91 . . . Pet. in-4°, à mi-corps, tourné à gauche, av. encadr. C. Guérin fecit aqua forti 1785, Ph. J. Kugler delineavit. A pet. marges.

516 **Reuss, Eduard.** Das Buch Hiob. Vortrag, gehalten den 8. Febr. 1869. Strassb. 1869, in-8°, 40 p., br.

517 **Reuss, Rod.** Zwei Lieder über den Diebskrieg oder Durchzug des navarrischen Kriegsvolkes im Elsass. (1587). Mit hist. Einleitung und ungedr. Beilagen. Strassburg 1874, in-8°, XV—151 p., demi-rel. toile.

518 — Documents relatifs à la situation légale des protestants d'Alsace au 18e siècle. Paris 1888, in-16, 80 p., br.

519 — Gustav Adolf, König von Schweden. Ein evang. Lebensbild aus dem 30jähr. Kriege. Strassb. 1894, in-18, X—28 p., br. Av. portr.

520 — Une Mission strasb. à la Cour de Louis XIII (1631). Paris et Nancy 1900, gr. in-8°, 36 p., br. (Extr. des „Annales de l'Est").

521 — Une Médaille alsatique. Documents inédits tirés des Archives munic. de Strasb. Av. reprod. de la Médaille du Centenaire de 1781. Strasb. 1902, gr. in-8°, 41 p., br. (Extr. de la „Revue d'Alsace"). (2 exempl.)

522 **Révolution française.** — Boug d'Orchwiller (de), Conseiller au Conseil souverain d'Alsace. Lettre à la Commission intermédiaire de l'Assemblée provinciale de la même province. Colmar 1789, in-8°, 8 p., demi-rel. chagr.

523 — Correspondance, jour par jour et pour cent ans, des Calendriers grégorien et décadaire. Strasb. 1807, in-12, VII—44 p., br.

524 — Impossibilité (L') de l'exécution du décret de l'Assemblée nationale du 28 Octobre de 1790 concernant l'indemnité des princes et états d'Empire possessionnés en Alsace, etc. S. l. 1790, in-8°, 89 p., br.

525 — Koch, Ch. G. Discours sur la motion de M. Matthieu concernant les Protestants d'Alsace; prononcé à la Société des amis de la Constitution à Strasbourg, le 15 Octobre 1790. S. l. (1790), in-8°, 22 p., demi-rel. chagr. (A la fin de ce discours (p. 17) se trouve ajoutée la Motion de M. Matthieu).

526 — Koch, Ch. G. et Sandherr, le jeune. Très humble et très-respectueuse Adresse présentée à l'Assemblée nationale par les habitans de la Confession d'Augsbourg des villes de Strasbourg, Colmar, Wissembourg, Landau et Munster en Alsace. Paris, s. d., in-8°, 24 p., br.

527 — Merlin. Rapport fait à l'Assemblée nationale le 28 Octobre 1790, sur les droits seigneuriaux des Princes d'Allemagne en Alsace. Paris, s. d., in-4°, 44 p., br., tr. rouges.

528 — Oberlin, J. J. Gefängnis-Geschichten und Aktenstücke zur Robespierre'schen Tyranney gehörig, (attribué à J. J. Oberlin). 2 Teile. S. l. ni d., in-24, cart. en 1 vol.

529 — Rathgeber, Jul. Elsässische Geschichtsbilder aus der franz. Revolutionszeit. Ein Beitrag zur elsäss. Sittengesch. Basel 1886, in-8°, V—240 p., demi-rel. toile.

530 — Reuss, Rod. L'Alsace pendant la révolution française. 2 vol. Paris 1880—1894, in-8°, demi-rel. toile.

531 — — Le Dix-huit Brumaire. Etude historique et morale. (Extr. de la „Revue chrétienne"). Dôle 1903, gr. in-8°, 50 p., br.

532 — Schneider, J. Geschichte der evangelischen Kirche des Elsass in der Zeit der französischen Revolution (1789—1802). Strassburg 1890, in-8°, VII—212 p., demi-rel. perc.

533 — Véron-Réville. Histoire de la révolution française dans le département du Haut-Rhin, 1789—1795. Colmar 1865, gr. in-8°, X—301 p., demi-rel. chagr.

534 — Zuschrift (Brüderliche) an diejenigen evang. Gemeinden des Niederrhein. Departements, welche durch die Sequestration ihrer Kirchengüter sich beeinträchtigt finden. Buchsweiler 1793, in-4°, 7 p., br.

535 **Revue d'Alsace** (publiée par J. Liblin).
1850 (1re année) et 1851, cart.
1852 à 1857, demi-rel. perc. brune.
1858 à 1863, demi-rel. chagr. rouge.
1864 à 1866, pleine rel. toile bleue.
(1867 à 1870 manquent).
1871 broché.
1872 à 1903, demi-rel. basane noire, plus 2 vol. de Tables de Matières.
1904 à 1906, en numéros, av. les Suppléments „Documents inédits".

536 — Reuss, Rod. Les premières Revues d'Alsace. (1834—1837). Notice hist. et littér. Strasb. 1901, gr. in-8°, 34 p., br.

537 **Revue alsacienne.** Années 1 à 8. Paris 1877 à 1885, 8 vol. in-8°, demi-rel. basane.

538 — Années 1 et 2 isolément, en demi-rel. basane.

539 **Revue Alsacienne illustrée. — Illustr. Elsässische Rundschau.** 1re à 7e années. Strasbourg 1898—1905. 7 vol. in-4°, demi-rel. basane. (Les deux premières années sont épuisées et fort rares. (Bel exemplaire).

540 **Rewbel, Jean-François. — Portrait.** — J. Rewbel, membre du Directoire Exécutif. Né à Colmar en 1746. In-8°, buste, profil à gauche, en costume de Directeur, dans un ovale. F. Bonneville del., J. B. Compagnie sculp. Grav. au pointillé, av. marges.

541 **Rhin (Cours du).** — Vecqueray, J. L. Der kunstsinnige und getreue Mentor am Rheine auf der Reise von Strassburg bis Düsseldorf. 2. Aufl. Coblenz 1855, in-16, IX—402 p., cart. Avec nombr. vues grav.

542 **Ribaupierre.** — Horning, W. Ein Kleeblatt Rappoltsteinischer Gräfinnen (Agatha, Claudia u. Catharina) aus dem 17. Jahrhundert. — Ein Beitrag z. Gesch. des Verhältnisses des elsäss. Adels z. evang.-luth. Kirche. Strassburg 1886, in-8°, 81 p., texte encadré, br. Av. titre ill.

543 **Ribeauvillé.** — Bernhard, B. Recherches sur l'histoire de la ville de Ribeauvillé, publ. sous les auspices du conseil municipal par X. Mossmann. Colmar 1888, gr. in-8°, XVI—384 p., br. Av. portr. et planches photolith.

544 — Piton, Fréd. Promenades en Alsace. — Monographies historiques, archéologiques et statistiques. Ribeauvillé et ses environs. Strasb. 1856, in-12, V—76 p., br. Av. 1 carte.

545 — **Vue.** — Place et Fontaine devant l'Hôtel du Mouton. Imprimé à la sépia. Magasin des Demoiselles, Paris In-8° obl., sans marges.

546 — — Vue des trois châteaux de Ribeauvillé. Joly d'après le croquis de M. Bichebois. In-fol. obl., av. marges. (Pl. de „Golbéry et Schweighäuser, Antiq. de l'Alsace").

547 **Richard, Matthias (Pasteur).** Discours prononcé devant le Conseil de guerre du Régiment Suisse de Steiguer à Strasbourg, ce 18 Févr. 1818. Strasbourg, s. d., in-18, 8 p., br.

548 — Rede vor dem versammelten Kriegsgerichte des Schweitzer-Regiments von Steiger, gehalten in Strassb. den 9. Hornung 1818. Strassb. (1819), in-8°, 8 p., br.

549 **Ring, M. de.** Mémoire sur les établissements romains du Rhin et du Danube, principalement dans le sud-ouest de l'Allemagne. Paris et Strasbourg 1852—1853. 2 tomes en 1 vol. in-8°, demi-rel. veau. Av. 1 carte.

550 **Riquewihr.** — Führer für Reichenweier und Umgebung. Her. v. d. Vogesenclub, Sektion Reichenweier. Mit 16 Illustr. u. 3 Karten. Strassb. 1903, in-18, 58 p., br.

551 — Sattler, Friedr. Die Einnahme von Reichenweyer, oder unsere Väter im 30jährigen Kriege. (Zeit vom 11. Mai bis den 25. Juli 1635). Schauspiel in 5 Aufzügen, geschr. im Jahr 1863. Colmar 1873, in-8°, 52 p., br.

552 **Ristelhuber, P.** L'Alsace à Morat. Etude historique publiée à l'occasion du 4e centenaire de la bataille de ce nom. Paris 1876, in-8o, VI—50 p., br.
553 — L'Alsace à Sempach. Etude historique publiée à l'occasion du 5e Centenaire de la bataille de ce nom. Paris 1886, gr. in-8o, 48 p., br. Avec 2 planches d'armoiries.
554 **Roederer, Jean-Godefroi.** — Stoeber, August. Johann Gottfried Röderer, von Strassburg, und seine Freunde. Nachtrag von Briefen an Röderer und Lenz: von Lavater, Schlosser, Blessig, Pfenninger und Wieland, nebst bisher ungedruckten Aufsätzen von Lenz. (Supplt. der „Alsatia" 1873). Colmar 1874, in-8o, VII—50 p., br. (2 exempl.)
555 **Rohan, Louis de.** — Ehrhard, Dr L. L'Ambassade du Prince-Coadjuteur Louis de Rohan à la Cour de Vienne (1771—1774). I. Introduction. Strasb. 1901, gr. in-8o, 100 p., br.
556 **Rohan, Armand-Gaston de. — Portraits.** — Le Cardinal de Rohan. In-8o, buste, 3/4 à gauche. Imprimé dans un encadrement gravé, sans nom d'auteur. Sans marges.
557 — — Ser. Pr. Arm. Gasto. de Rohan S. R. E. Card. Ep. et Pr. Arg. Alsat. Landg. S. R. I. P. R. In-fol., buste, 3/4 à droite, av. encadr. ovale, insignes et armoiries. H. Rigaud pinx., L. Cars fil. sculp. Sans marges.
558 **Rohan, Marguerite de. — Portrait.** — Marguerite de Rohan Princesse de Leon Comtesse de Porhovet etc. issue des Royalles Maisons de Navarre et Escosse . . . Par son très humble serviteur Balthazar Moncornet. In-18, buste à droite, en méd. ovale, av. armoiries. Rogné.
559 **Rohan (Les Cardinaux de).** — Le Roy de Sainte-Croix. Les quatre Cardinaux de Rohan (Evêques de Strasbourg) en Alsace. (De la „Grande collection alsacienne"). Strasbourg et Paris 1881, gr. in-8o, 202 p., br.
560 — **Portraits.** — Les quatre cardinaux de Rohan, princes-évêques de Strasbourg. Bustes en méd. ov., av. encadr. A. Demarle 1868, P. Ulrich sc. Grav. sur bois tirée de „Lehr, l'Alsace Noble".
561 **Romansweiler.** — Fischer, D. Die ehemalige Herrschaft Romansweiler und Cossweiler, im Kreis Molsheim. Zabern 1877, in-18, 47 p., br.
562 **Rosheim.** — Blumstein, Félix. Rosheim et son histoire. (Extr. de la „Revue cathol. d'Alsace"). Rixheim 1900, in-8o, 67 p., br.
563 — **Vue.** — Eglise ancienne de Rosheim. Deroy d'après le croquis de M. Chapuy, lith. de G. Engelmann. Pet. in-fol. obl., à pet. marges. (Pl. de „Golbery et Schweighaeuser, Antiq. de l'Alsace").
563a **Rothmüller, J.** Malerische Ansichten der Schlösser, Denkmäler u. merkwürdigen Gegenden des Elsasses, nebst einem gesch. u. beschreib. Texte. Colmar, s. d., in-4o, pl. rel. cuir. Av. 124 pl. lith. (Bel exempl.)
564 **Rouffach. — Vues.** — Die Statt Rufach mit sampt dem Schloss Isenburg ... Rubeaquum-Rufach. 1548. (Pl. de „Seb. Münster's Cosmographia"). Grav. sur bois. In-fol. obl., à pet. marges.
565 — — Intérieur de l'église de Rouffach. Villeneuve d'après le croquis de M. Chapuy, lith. de Engelmann. In-fol., épreuve sur Chine, av. marges. (Pl. de „Golbéry et Schweighaeuser, Antiq. de l'Alsace").
566 **Rougemont.** — Tallon. Notes sur l'anc. Seigneurie de Rougemont et sur la Paroisse de Pfaffans. (Extr. de la „Revue d'Alsace"). S. l. ni d. (1875), gr. in-8o, p. 213-244, br.
567 **Rouget de Lisle, Claude-Joseph.** — Reiber, Ferd. Le Centenaire de la Marseillaise. Etude historique. (Tirage à part du „Journal d'Alsace"). Strasb. 1892, in-18, 22 p., br.
568 **Rouvrois, Th. de M. de.** (Pseud. de M. de Morville). Voyage pittoresque en Alsace par le chemin de fer de Strasbourg à Bâle. Mulhouse 1844, gr. in-8o, VII—278 p., cart. Av. illustr. et 1 carte.

569 **Rumpler.** Proesamlé dénoncé, par un sot, à la police correctionnelle, accusé par une âme imbécile et Christo-fidelle ... Strasb., an IX, in-8°, 36 p., br.

570 **Rumpler, François-Louis.** — G(yss), J. Canonicus Ludwig Rumpler u. seine Erlebnisse vor und während der Revolutionszeit. Strassb. 1890, in-8°, 195 p., demi-rel. perc.

571 **Saarwerden.** — Fischer, D. Histoire de l'ancien comté de Saarwerden et de la prévôté de Herbitzheim. (Extr. de la „Revue d'Alsace"). Mulhouse 1877, gr. in-8°, XVII—213 p., br. Av. 3 tabl. généalog.

572 — Lévy, Jos. L'Ancienne Collégiale de Saarwerden. (Extr. de la „Revue cath. d'Alsace"). Rixheim 1897, in-8°, 11 p., br.

573 — Matthis, Gust. Die Leiden der Evangelischen in der Grafschaft Saarwerden. Reformation und Gegenreformation, 1557—1700. Mit 1 Karte. — Bilder aus der Kirchen- & Dörfergeschichte der Grafschaft Saarwerden. Strassb. 1888—1994. 2 vol. in-8°, demi-rel. perc.

574 **Saint-Dié.** — Chanzy, Ch. Précis chronologique de l'histoire de la ville de Saint-Dié (Vosges). Saint-Dié 1853, in-8°, 212 p., br. Couverture lith.

575 **Saint-Quirin.** — Fischer, Dag. Le prieuré de Saint-Quirin. (Extr. des „Mém. de la Soc. d'Arch. lorr.") Nancy 1875, in-8°, 51 p., br.

576 **Saint-Ulric.** — **Vue.** — Burg Rappoltstein bei Rappoldsweiler im Elsass, Altenkastel & Niederburg im XI. Jahrhundert, jetzt St Ulrich genannt. Vue du château reconstitué. Ch. Winkler 1887. Grande planche photolith., in-fol. obl., à gr. marges.

577 **Saint-Vit.** — **Vue.** — Intérieur de la Grotte de St Vit, et Vue des Châteaux de Geroldseck. (Arnout d'après le croquis de Mr Bichebois. Lith. de Engelmann). (Pl. de „Golbéry et Schweighaeuser, Antiquités"). Pet. in-fol. obl., av. marges. Epreuve avant toute lettre.

578 **Sainte-Marie-aux-Mines.** — Drion, Ch. Notice historique sur l'Eglise réformée de Ste-Marie-aux-Mines. Colm. 1858, in-12, VII—104 p., br.

579 — Risler, D. Histoire de la Vallée de Ste-Marie-aux-Mines, anciennement Vallée de Lièpvre (Alsace). Avec portrait de l'auteur. Ste-Marie-a.-M. 1873, in-8°, VIII—224 p., br., couv. ill.

580 — Rouget, Claude. Une église calviniste au XVIe siècle. 1550—1581. Histoire de la Communauté réformée de Sainte-Marie-aux-Mines (Alsace), pub. . . . av. notes et commentaires par E. Muhlenbeck. Paris et Strasb. 1881, gr. in-8°, XIV—517 p., br.

581 — — Même ouvrage, demi-rel. perc.

582 — **Vues.** — Ste.-Marie-aux-Mines. Vue prise de la Croix de mission. Lith. par Ed. Freyss, impr. lith. de Th. Siegfried. Pet. in-fol. obl., av. marges.

583 — — Ste-Marie-aux-Mines. Th. Müller lith. d'après nature, Lith. E. Simon fils. In-fol. obl., à gr. marges.

584 **Sainte-Odile.** — Albrecht, Dionysius. History von Hohenburg, oder St. Odilien-Berg. Schletstatt 1751, in-4°, X—510—18 p., rel. veau ant. Av. 9 planches grav. (Bel exemplaire de cet ouvrage recherché).

585 — Bartholdy, P. St. Odilien. Ein Liederkranz, aus allerhand Vogesenblumen den Elsäss. Frauenvereinen zu Ehren gewunden. Strassb. 1891, in-16, 54 p., cart. perc. rouge.

586 — Forrer, Dr. R. Der Odilienberg, seine vorgeschichtl. Denkmäler u. mittelalterl. Baureste, seine Geschichte u. seine Legenden. Mit 30 Abbildgn. u. einer Karte. Strassb. 1899, in-18, VI—90 p., br.

587 — Gyss, J. Der Odilienberg. Legende, Geschichte und Denkmäler. Rixheim 1874, in-8°, XI—356 p., demi-rel. toile. Av. 1 carte.

588 — Levrault, L. Sainte-Odile et le Heidenmauer. Traditions, monuments et histoire. Colmar 1855, gr. in-8°, XVI—154 p., br. Av. 1 plan.

589 — Mampell, Fr. Jak. Die Heidenmauer auf dem Odilienberg im Elsass. Ein Beitrag zur Veranschaulichung altgermanischer und gallischer Sitten und Verhältnisse am Oberrhein. Strassburg 1886, in-12, 109 p., br.

590 **Sainte-Odile.** — Pfeffinger, Joh. Hohenburg, oder der Odilien-Berg, sammt seinen Umgebungen in topographischer u. geschichtlicher Hinsicht geschildert. Strassburg 1812, in-8°, VII—104 p., br. Mit 15 Plänen und Abbildungen.

591 — Pfister, Ch. Le duché mérovingien d'Alsace et la légende de Sainte-Odile, suivis d'une étude sur les anciens monuments du Sainte-Odile. Nancy 1892, gr. in-8°, V—270 p., demi-rel. perc.

592 — Reinhard, Aimé. Le mont Sainte-Odile et ses environs. Avec les planches dessinées par Silbermann, gravées par Weiss, et publiées pour la première fois en 1781. Strasbourg 1888, in-4° oblong, 131 p., br.

593 — Silbermann, Joh. Andr. Beschreibung von Hohenburg oder dem St.-Odilienberg, sammt umliegender Gegend. Neue Aufl. besorgt von A. W. Strobel. Strassb. 1835, in-8°, IV—120 p., demi-rel. chagr. Av. Atlas de 19 planches, pet. in-fol. obl., même rel.

594 — Stoeber, Ehrenfried. Kurzgefasste Lebensgeschichte der heiligen Odilia. Strassburg 1828, in-12, 16 p., dérelié.

595 — **Plan.** — Plan de la crète du mont Ste. Odile indiquant les constructions dolméniques et cyclopéennes qui la bordent, désignées ensemble sous le nom vulgaire „Les Murs payens". — Plan de la crète du Huri Taennichel, . . . Dressé et gravé par F. Voulot. Impr. Vve Bader & Co. (Pl. de „Voulot, les Vosges"). In-fol. obl., av. marges. Remonté.

596 **Sainte-Suzanne, Gilbert-Joseph-Martin Bruneteau, Comte de. — Portrait.** — Ste Suzanne. Buste, en méd. ov., dessiné par J. Guérin, gravé par G. Fiesinger. Grav. au pointillé. In-8°, av. marges.

597 **Salm-Salm, Constantin-Alexandre Prince de.** — Précis historique des faits qui ont eu lieu lors de la conversion de son Altesse le Prince de Salm-Salm de la religion catholique romaine au culte chrétien évangélique de la confession d'Augsbourg, le 17 Mai 1826. Paris 1826, in-8°, III—71 p., br.

598 **Salzmann, Jean-Daniel.** — Stoeber, Aug. Der Aktuar Salzmann, Goethe's Freund u. Tischgenosse in Strassburg. Eine Lebensskizze. Mülhausen 1855, in-8°, 138 p. A la suite: Stöber, August. Chr. Fr. Pfeffel, der Historiker und Diplomat. Blätter zu dessen Erinnerung. Mülhausen 1859, 64 p. Les 2 ouvrages réunis en 1 vol., demi-rel. veau.

599 **Salzmann, Jean-Rodolphe. — Portrait.** — Joannis Rudolphi Salzmanni. Med. D. Prof. P. et Poliatri Argentorat. ordinarii Collegii Thomani Decani. Gr. in-8°, à mi-corps, tourné à dr., dans un méd. ov. encadré. (Peter Aubry sculpsit et excudit (1637). Strasburg zu finden bey Joh: Tscherning Auf S. Tomas Plan). Rogné.

600 **Samstagsblatt (Elsässisches),** her. v. Fr. Otte. 1re à 12e années. Mülhausen 1856 à 1868, in-4°, en 6 vol. demi-rel. perc. (Les Nos 1 & 2 de la 1re année manquent) et par ci et par là des Nos dans les autres années).

601 **Sandmann, François-Joseph.** — **Dessin original.** — Vue d'un village. In-12 obl.

602 — **Vue lithogr.** — Vue d'une ferme. Dess. et lith. par Sandmann. In-8° obl., à pet. marges.

602a **(Sarrazin).** Contes d'Alsace sur les âges de la Pierre et du Bronze, par un professeur des anc. facultés de Strasb. Nancy 1886, in-8°, 512 p., demi-rel. toile.

603 **Sarrebourg.** — (Wagner, François). Sarrebourg. Notices historiques sur la ville de Sarrebourg, depuis les temps les plus reculés. Sarrebourg (1890), in-8°, 259 p., demi-rel. perc.

604 **Sarreck (Baronnie de).** — Benoit, A. Les plaids annaux de la baronnie de Sarreck (Meurthe). Etude sur les justices seigneuriales au XVIIIe siècle. (Extr. de la „Revue de l'Est“). Metz 1869, in-8°, 55 p., br.

605 **Sarreguemines.** — Thomire, Aug. Notes historiques sur Sarreguemines, depuis l'an 706 jusqu'après la Révolution franç. Strasbourg 1887, in-8°, 198 p., demi-rel. toile. Avec cartes et plans.

606 **Sarreunion.** — Lévy, Jos. Geschichte der Stadt Saarunion, seit ihrer Entstehung bis zur Gegenwart. Vorbruck-Schirmeck 1898, gr. in-8°, VIII—480 p., br. Av. vue.

607 **Sarrus, Pierre-Frédéric.** — Bach. Eloge historique de M. le Professeur Sarrus, membre de la Soc. des sciences naturelles de Strasbourg, etc. Strasbourg, s. d. (1862), in-4°, 12 p., br.

608 **Save, Gaston.** — Bardy, Henri. Nécrologie: Gaston Save, Artiste-Peintre, 1844—1901. (Extr. du „Bull. de la Soc. Philomat. Vosg.“) Saint-Dié 1902, gr. in-8°, 14 p., br.

609 **Saverne.** — Fischer, Dag. Die Schützengesellschaft und die Vertheidigungsmassregeln zu Zabern in älteren Zeiten. (Ausz. aus dem „Samstagsblatt“). Strassb. 1868, in-8°, 14 p., demi-rel. chagr.

610 — — Das ehemalige Zunftwesen in Zabern. (Ausz. aus. d. „Samstagsbl.“) Strassb. 1868, in-8°, 12 p., demi-rel. chagr.

611 — — Jämmerliche Zerstörung der uralten bischöflichen strassburgischen Residenz-Stadt Zabern i. J. 1677. Neue Ausg. nach dem Original. (Bes. Abdruck aus d. „Alsatia“). Mülh. 1873, in-8°, 34 p., br.

612 — — Geschichte der Stadt Zabern im Elsass, seit ihrer Entstehung bis auf die gegenwärtige Zeit. Zabern 1874, gr. in-8°, VII—248 p., br. Av. 1 planche.

613 — — Notice historique sur le Couvent de la congrégation de Notre-Dame de Saverne. (Extr. du „ Bull. de la Soc. .. des Mon. hist. d'Alsace“). Strasb. 1874, gr. in-8°, 11 p., br.

614 — — Wiedererbauung der Mauern und Thore der Stadt Zabern. 1677—1684. (Extr. de l'„Alsatia“). Colmar 1875, in-8°, 16 p., br.

615 — — Notice historique sur l'ancienne église collégiale, aujourd'hui paroissiale de Saverne. (Extr. du „Bull. de la Soc. . . des monuments hist. d'Alsace“). Strasb. 1877, gr. in-8°, 35 p. Av. 2 pl. lith.

616 — **Vues.** — Christmann, L. Album. (Saverne). 1885. Strasb., Impr. Ed. Hubert. 12 pl. lith., in-fol. obl., br.

617 — — — Album d'Alsace et des Vosges: Saverne et ses environs, T. II et III. 2 Albums pet. in-fol. d'ensemble 73 pl. photolith. Strasbourg 1889—1891. Cart.

618 — — Palais de Saverne dans le Bas-Rhin. Chapuy del., Asselineau lith. In-fol. obl., col., à grandes marges. (Pl. de „La France de nos jours“). (2 exempl.)

619 — — Eglise protestante de Saverne. J. J. Kolb del., Lith. E. Lemaître. Pet. in-fol. obl., av. marges.

620 — — Eglise protestante de Saverne. (Intérieur). J. J. Kolb del., Lith. E. Lemaître. Pet. in-fol. obl., av. marges.

621 — — Vue de Saverne, de Hohbarr et des deux Geroldseck. J. Rothmüller, lith. de E. Simon fils. In-fol. obl., sur Chine, à toutes marges.

622 **Schaller, G. J.** Die Stuziade oder der Perükenkrieg. Strasburg 1802—1808. 3 vol. in-8°, cart. Avec portrait et 2 frontisp. de B. Zix.

623 **S(charfenstein), M. J. F.** Historische General-Beschreibung von Ober- und Nieder-Elsass / samt dem Sundgau. Nebst einer Vorrede von J. G. Doppelmayer. Franckfurt 1734, in-12, X—356—30 p., rel. anc. Av. 15 cartes en noir et 1 front. grav.

624 **Schauenbourg, P. R. de.** La peinture sur verre. Strasbourg 1865, in-8°, 29 p., br.

625 **Scheer, Charles.** — Ott, Henri. Antrag für Herrn Karl Scheer, Director des Städt. Waisenhauses zu Strassburg, gegen das Kapitel des Sankt-Thomas-Stiftes zu Strassburg u. Consorten. Strassburg 1876, in-4°, 14 p., br.

626 **Scherz, Joh. Fridericus.** Dissertatio juridica de eo, quod justum est circa ergastula, germanice Zucht- und Raspel-Haeusser. Argentor. 1738, pet. in-4°, IV—56 p., br.

627 **Schiber, Ad.** Die fränkischen und alemannischen Siedlungen in Gallien, besonders in Elsass und Lothringen. Strassburg 1894, in-8°, IX—109 p., br. Av. 2 cartes. (2 exempl.)

628 **Schickelé, M.** Etat de l'église d'Alsace avant la révolution. 1re partie: Le diocèse de Strasbourg (Clergé séculier). Colmar 1877, in-8°, XLI—205 p., demi-rel. toile.

629 **Schillinger, Charles-Albert.** — Discours prononcés aux obsèques de Charles-Albert Schillinger, Pasteur à l'Eglise Française de Saint-Nicolas, le 21 Juin 1872. Strasb. 1872, in-8°, 27 p., br.

630 **Schilter, Joh.** Codex juris Alamannici feudalis . . . . Argentor., literis Joh. Frid. Spoor. 1 vol. pet. in-4°, rel. veau anc., tranches dorées.

631 — Institutiones Juris Canonici ad ecclesiæ veteris et hodiernæ Statum accommodatæ. Edit. altera. Argentor. 1688, in-18, 427 p., plus 2 index, pleine rel. parch. anc.

632 — De Paragio et Apanagio, succincta expositio . . . Dissertatio. Argentor. 1701, pet. in-fol., VIII—212 p., rel. veau anc., tr. dorées.

633 — **Portrait.** — In-fol., à mi-corps, tourné à dr., en méd. ovale, av. encadr. et armoiries. J. A. Seupel delin. et sculp. Rogné, av. faux plis.

634 **Schlestadt.** — Dacheux, L. L'Empreinte humaine de Schlestadt. L'Eglise de Sainte-Foy, son Saint-Sépulcre et ses tombes. 2e édit. Strasb. 1893, gr. in-8°, 13 p., av. 8 pl. photolith., br.

635 — **Dialecte.** — Rugraff, Paul. Im Finele sini Hochzit. Lustspiel in 4 Akte Schlettstadter Mundart, und Schlettstadter Gedichte. Strassburg 1886, in-12, 64 p., br.

636 — **Plan.** — Schletstadt eine aus denen X Reichs-Staedtten im Elsass. G. Bodenehr fec. et exc. A. V. Lég. allem. Gr. in-8° obl., à pet. marges. (Av. pagination 262).

637 — **Vue.** — Le Marché de Schlestadt. D'après le dessin de H. Valentin. J. Lévy sc. In-8°, à pet. marges.

638 **Schlosser. — Portrait.** — Schlosser, né à Blienschwiller (Bas-Rhin) le 27 juin 1808. („Assemblée Nat., Galerie des Représentants du Peuple, 1848"). Pet. in-4°, buste, $^3/_4$ à gauche, fond teinté. Lith. d'après nature par Aug. Lemoine, impr. Lemercier, E. Desmaisons direxit. A toutes marges.

639 **Schmid, Sébastien. — Portrait.** — Sebastianus Schmidius, SS. Th. D. Argent. Universit. Prof. . . . Aet. 78 A° 1694. In-fol., à mi-corps, la bible en main, tourné à droite, av. encadr. A pet. marges, remonté.

640 **Schmidt, Ch.** Histoire littéraire de l'Alsace à la fin du XVe et au commencement du XVIe siècle. Paris 1879. 2 vol. gr. in-8°, demi-rel. perc.

641 **Schmidt, Jean. — Portrait.** — Johannes Schmidt. SS. Theol. D. et Prof. in acad. Argent., Convent. eccl. praeses . . . nat. . . . 1594, denat. Argent. Alsat. 1658, aet. 64. Pet. in-4°, buste à droite, en méd. ov., dans des ornements. Av. 4 vers. lat. et 4 vers allem. P. Aubry sculpsit, rogné. Monté sur papier in-fol.

642 **Schnéegans, A.** Pro Domo. Strasbourg 1878, in-8°, 52 p., br.

643 **Schnéegans, Auguste. — Gravure satirique.** — E . . . Gänsel Spiel! Le Jeu de l'Oie. Imp. Hubert et Haberer, Strasb. In-fol. obl., av. marges.

644 **Schnéegans, Charles-Frédéric.** — Zum Gedächtnis von Karl Friedrich Schneegans, Direktor des Protest. Gymnasiums. Geboren 16. Mai 1822, gestorben 24. Januar 1890. Trauerfeier im Gymnasium 26. Jan. 1890. Strassb. 1890, in-18, 8 p., br.

645 — Reuss, Rod. A la Mémoire de M. Charles-Frédéric Schnéegans, Directeur du Gymnase prot. de Strasbourg. 1822—1890. (Extr. du „Progrès relig.") Strasb. 1890, in-8°, 16 p., br.

646 **Schnéegans (La Famille).** — Stammbaum der Familie Schnéegans. — Arbre généalogique de la Famille Schnéegans. S. l. ni d., in-fol. obl., titre et 8 planches, cart.

647 **Schneider, Euloge.** Gedächtnisrede auf Mirabeau vor der Gesellschaft der Constitutionsfreunde zu Strassburg, gehalten am 2. April 1792. Strassburg 1792, in-8°, 14 p., cart.

648 — Faber, Carl Wilhelm. Eulogius Schneider, philosophiæ et theologiæ Doctor, der öffentliche Ankläger beim Revolutionsgericht zu Strassburg i. E. Vortrag. Mülh. 1886, in-8°, 52 p., br.

649 — Heitz, F. C. Notes sur la vie et les écrits d'Euloge Schneider. Strasbourg 1862, in-8°, IV—167 p., cart.

650 — Mühlenbeck, Eug. Euloge Schneider. 1793. Strasbourg 1896, gr. in-8°, XV—419 p., demi-rel. perc.

651 — Rathgeber, Jul. Strassburger Revolutionserinnerungen. Eulogius Schneider. Grossentheils nach ungedr. Quellen. Strassb. 1891, gr. in-8°, 34 p., br. Av. portr.

652 — Eulogius Schneiders Leben und Schicksale im Vaterlande. Frankf. a. M. 1792, in-18, 72 p., br. (Très rare).

653 **Schneider, Dr. Jacob.** Beiträge zur Geschichte der alten Befestigungen in den Vogesen. Mit einem topogr. Plane der Hohenburg und der Heidenmauer. Trier 1844, in-8°, VIII-226 p., br. (Très rare).

654 **Schoen, Henri.** Le Théâtre populaire en Alsace. Paris 1903, gr. in-8°, 40 p., br.

655 **Schoenhaupt, L.** Armorial des Communes d'Alsace. Av. 180 planches en chromolith. donnant la reproduction de 1160 armoiries et pierres bornes. Fort vol. in-fol., demi-rel. basane.

656 **Schoepflin, Jo. Dan.** Commentationes historicæ et criticæ. Basileæ 1741, in-4°, VI—590 p., rel. veau anc., tr. rouges.

657 — Vindiciae celticae. Argentorati 1754, in-4°, XII—144 p., demi-rel. bas.

658 **Schoepflin, Jean-Daniel.** — Benoit, A. Les ex-libris de Schoepflin. Notice. (Extr. du „Bull. de la Soc. des monuments hist. d'Alsace"). Paris 1883. in-8°, 14 p., br. (Tiré à 200 exempl. numérotés. — N° 13 sur Hollande).

659 — Friese, Joh. Kurze Schilderung des Lebens Schoepflins und Herrmanns. Strassb, s. d., in-12, 31 p., br.

660 — **Portrait.** — J. D. Schoepflin. In-18, buste, profil à droite, en méd. ov. J. D. Beyer fecit, lith. de Engelmann et C°. (Planche de la „Galerie alsacienne").

661 **Schuler, Théophile.** — **Gravure.** — Hans im Schnockeloch. (Légende alsacienne). Eau-forte gravée p. Th. Schuler, pet. in-fol. obl., av. marges.

662 **Schulmeister, Charles-Louis.** — **Portrait.** — In-24, buste, 3/4 à gauche, av. marges. Rerpoduction moderne en photolith., sans aucune inscription.

663 **Schuré, Ed.** La Légende de l'Alsace. Paris 1884, in-12, 321 p., br.

664 **Schützenberger père** (Brasseur). — **Portrait.** — Buste, 3/4 à gauche. Dessin au crayon attribué à Gabriel Guérin. In-fol., av. marges.

665 **Schützenberger, Frédéric.** — **Portrait.** — Schützenberger, Maire de la ville de Strasbourg. Gr. in-fol., à mi-genoux, tourné à dr. Gabriel Guérin del. et lith., lithogr. Muller J^ne^ à Strasb. A toutes marges.

666 **Schützenberger, Louis. — Eau-forte.** — Hallali de Chevreuil. L. Schützenberger. Pet. in-fol., av. marges.

667 **Schweighaeuser, Jean.** — Cuvier, Ch.-C.-L. — Eloge historique de M. Jean Schweighaeuser, ancien Doyen et Professeur de littérature grecque à la Faculté des lettres de l Académie de Strasbourg . . . prononcé le 25 Février 1830. Strasbourg 1830, in-8°, 38 p., demi-rel. chagr. (Un 2e exempl. br.)

668 — **Portrait.** — J. Schweighaeuser. In-8°, buste, 3/4 à gauche, en méd. ov. J. D. Beyer fecit, lith. de Engelmann & Cie., av. marges. (Pl. de la „Galerie alsacienne").

669 — — Johannes Schweighaeuser, ... in Acad. Argent. et in Semin. prot. Prof. Gr. in-8°, à mi-corps, assis, tourné à droite. Engraved by Thomson. From a Drawing by Lewis. Grav. sur acier. Avec marges.

670 — — Jean Schweighaeuser. Pet. in-fol., à mi-corps, assis, tourné à gauche. Flaxland, Lith. de E. Simon fils. (Pl. de „Sandmann, Vues des villes et bourgs etc.") Epreuve sur Chine, à gr. marges.

671 **Schweighaeuser fils, J. G.** Enumération des monuments les plus remarquables du département du Bas-Rhin et des contrées adjacentes. Strasbourg 1842, in-8°, 50 p., br.

672 **Schweighaeuser, Jean-Geoffroi.** — Fritz Th. Discours pour rendre les derniers honneurs académiques à J.-G. Schweighaeuser, Professeur à la Faculté des lettres, etc., précédé des discours prononcés dans l'Eglise et sur la tombe par MM. Schuler, Delcasso et Kreiss. Strasb. 1844, in-8°, 56 p., br.

673 — **Portrait.** — J. G. Schweighaeuser. In-8°, buste, 3/4 à gauche, en méd. ov. J. D. Beyer fecit, lith. de Engelmann. Av. marges. (Pl. de la „Galerie alsacienne").

674 **Schweighaeuser (Les).** — Rabany, Ch. Les Schweighaeuser. Biographie d'une famille de savants alsaciens, d'après leur correspondance inédite. Paris 1884, in-8°, 128 p., br. Av. 4 portraits.

675 **Schwilgué, Jean-Baptiste. — Portrait.** — J. B. Schwilgué. Gr. in-fol., en pied, accoudé sur une colonne. Fond teinté. G. Guérin fecit, lith. C. Fasoli et Ohlmann. A gr. marges

676 **Sers, Louis.** — Spach, Louis. M. Louis Sers, Préfet du Bas-Rhin. Notice biographique. Strasb. 1865, in-24, 39 p., broché.

677 **Sesenheim.** — Lucius, Phil. Ferd. Friederike Brion von Sessenheim. Geschichtliche Mittheilungen. Strassb. 1877, in-8°, 198 p., demi-rel. perc. Avec 2 vues et 2 plans.

678 **Seyboth, Ad.** Grand Panthéon des Contemporains à Bibi. (Bibi c'est moi.) Portraits-charges photolith. par E. Stribeck. Strasbourg 1880, pet. in-4°, non relié.

679 **Siebecker, Ed.** L'Alsace. Récits historiques d'un patriote, illustrés par F. Lix. Paris 1873, gr. in-8°, 396 p., demi-rel. toile. Av. 50 grav. et 1 carte.

680 **Silbermann, Jean-Henri.** — Redslob, Franz Heinrich & Böckel, Jonas. Reden bey dem Leichenbegängnisse von Herrn Johann Heinrich Silbermann, Mitglied u. General-Sekretär des Direktoriums . . .; gesprochen den 18. März 1823. Strassb. (1823), in-12, 16 p., br.

681 **Sleidan, Jean. — Portrait.** — Vera effigies . . . Dn. Johannis Sleidani, utriusq. Iuris Licentiati Inclytæ Reipubl. Argentorat. Syndici meritissimi, Historiographi ... In-8°, à mi-corps, tête tournée à dr. Lég. et 8 vers lat., dédicace de F. Johannes Paulus Crusius P. L. Av. marges.

682 **Soultzmatt. — Vue.** — Vue des Bains de Soultzmatt (Haut-Rhin), prise du côté du jardin. J. Rothmüller, lith. d'E. Simon Pet. in-fol. obl., fond teinté, av. marges.

683 **Spach, Edward.** Haideröslein gepflückt von einem Elsässer. Strassb. 1878, in-12, VII—263 p., br.

684 **Spach, L.** Moderne Culturzustände im Elsass. Strassb. 1873—1874. 3 vol. in-16, demi-rel. toile.

685 **Spach, Louis-Adolphe.** — Baumgarten, H. Dem Gedächtnisse des Professor Dr. Ludwig Spach, Director des Archivs von Unter-Elsass. Rede am 18. October 1879 gehalten. Strassburg 1879, gr. in-8°, 6 p., br.

686 — Ebrard, Dr. F. Zur Erinnerung an Ludwig Spach, weiland Archivdirektor. (Extrait de la „Strassburger Zeitung".) Strassburg 1879, gr. in-8°, 7 p., br.

687 — (Härter, G.) Gedächtnisfeier von Herrn Ludwig Adolf Spach, Archivar des Unter-Elsasses, geboren zu Strassburg den 27. September 1800, daselbst gestorben den 16. Oktober 1879. Strassb. 1879, gr. in-8°, 9 p., br. Av. portr. ajouté.

688 — Kraus, Franz Xaver. Ludwig Spach. Ein Nachruf. Zweiter erweiterter und mit einem bibliographischen Anhang versehener Abdruck. Strassb. 1880, in-12, 93 p., br. (Papier de Hollande).

689 **Speckle, Daniel.** Architectura von Vestungen, wie die zu unsern Zeiten mögen erbawen werden / an Stätten, Schlössern / vnd Clussen / zu Wasser / . . . . Strassburg, Bernh. Jobin, 1589, in-fol., 112 feuillets, rel. mod., demi-parch. Av. front. gravé et nombr. plans et planches. (Ouvrage rare et recherché).

690 **Spener, Ph. Jac.** Insignium theoria, seu Operis heraldici. Francofurti 1680—1690. 2 parties en 1 vol. in-fol., rel. parch. anc., tr. rouges. Av. 58 pl. d'armoiries et 1 front. gravés.

691 **Spesbourg.** — **Environs.** — „Maison forestière près du Château de Spesbourg." Lith. par L. Sch. Lith. de Simon fils. (Pl. de l'„Album alsacien".) Gr. in-8° obl., sans marges. (2 ex. sur une feuille in-fol., l'un en noir, l'autre col.)

692 **Spielmann, Jacques Reinbold.** Prodomus florae argentoratensis. Argent. 1766, in-12, 164 p., cart. (Interfolié de papier blanc.)

693 **Sponeck.** — **Vue.** — Château de Sponeck, près Vieux Brisac. J. Rothmüller 1840, lith. de E. Simon fils. In-fol. obl., sur Chine, à grandes marges.

694 **(Spoerlin, M.)** Meister Klaus. 2. Aufl. Strassb. 1865, in-16, 28 p., demi-rel. chagr.

695 **Städel, Josias.** — **Portrait.** — Josias Städel, Reipub. Argentorat. Consul. et Tredecim-Vir. Natus Argent: A° 1627, denatus A° 1700. Pet. in-fol., à mi-corps, tourné à dr., av. encadr. orné et armoiries. J. A. Seupel delin: et sculp: Av. marges, sur papier bleu, sous passe-partout.

696 **Steige.** — **Vue.** — Steige. Lith. de Simon fils. (Pl. des „Vues du Ban de la Roche"). Gr. in-8° obl., à gr. marges.

697 **Stephansfeld.** — Hüter, Joh. Jak. Das Fündlingsstift Stephansfelden bey Brumath, im Niederrhein. Histor. Vaterlands-Gesang. Mit Anmerkungen. Strassb. 1810, in-8°, 48 p., br.

698 — **Vue.** — Stephansfeld, Maison de santé pour le traitement des maladies mentales. Entrée de l'Etablissement prise du bâtiment central. Lith. d'après nature par Th. Müller, Imp. Lith. E. Simon, Strasb. In-fol. obl., à pet. marges, fond teinté.

699 **Stern, Théophile.** — Redslob, J. Zur Erinnerung an Theophil Stern, Organisten an der Neuen Kirche. (Separatabz. aus d. „Vogesengrün"). Strassb. 1888, in-12, 41 p., br.

700 **Stoeber, Adolf.** Gedichte. 2. Auflage. Strassburg 1893. 1 vol. in-24, rel. toile originale. Avec portrait de l'auteur.

701 **Stoeber, Aug.** Das vordere Illthal, nebst einem Anhang über das ehemalige Schloss Brunnstatt, topographisch und historisch geschildert. 2. Bearbeitung. Mülhausen 1861, in-18, VIII—141 p., demi-rel. chagr. Av. 1 pl. et 1 carte.

702 — Neue Alsatia. Beiträge zur Landeskunde, Geschichte, Sitten und Rechtskunde des Elsasses ausgewählt aus 50 Jahren literar. Thätigkeit des Verfassers. 1834—1884. Zugleich Schlussband der „Alsatia". Mülh. 1885. 1 vol. in-8°, demi-rel. perc.

703 **Stoeber, D. E.** (Avocat). Du Prosélytisme et de l'Incapacité des Mineurs de changer de Religion. Strasb. 1825, in-8°, 24 p., br.

704 **Stœber, Ehrenfried.** Bemerkungen über das Elsass, veranlasst durch deutsche Zeitungsartikel. Strassburg, s. d. (1814), in-8°, 27 p., demi-rel. chagr.

705 — — Même plaquette, br.

706 — Sämmtliche Gedichte und kleine prosaische Schriften. Strassb. 1835—1836. 3 vol. in-18, cart.

707 — — Même ouvrage, les 3 tomes en 1 vol. cart.

708 — Poésies diverses, 4 pièces: 1. Strassb. Nationalgesang in vaterländischer Mundart. 8 p. — 2. An Ludwig Philipp I., Aug. 1830. 3 p. — 3. An Catalani. 3 p. — 4. An die Sanct-Simonisten. 4. p. (avec la brochure „Mission Saint-Simonienne", 8 p.)

709 — **Portrait.** — E. Stœber, d'après un bas-relief de Friederich. In-8°, buste, profil à droite. Lith. de Simon fils, Flaxland. A gr. marges.

710 **Stöber, Ehrenfried.** — Einweihung des Denkmals für Ehrenfried Stöber. (Strassb. 1836), pet. in-fol., 4 p., br.

711 **Stœber, Victor.** (Frère de Ehrenfried Stœber). — Tourdes, G. Notice biographique sur Victor Stœber, professeur de pathologie générale et de clinique ophthalmologique à la Faculté de médecine de Strasbourg. Strasbourg 1871, gr. in-8°, 52 p., demi-rel. chagr.

712 **Stotzheim.** — **Vue.** — Schloss Grünstein in Stotzheim, bei Barr. Av. armoiries. Fec: Naeher. 12. 4. 90. Lith., in-8° obl., av. marges.

713 **Stouff, Louis.** La Description de plusieurs Forteresses et Seigneuries de Charles le Téméraire en Alsace... par Maître Mongin-Contault (1473). Paris 1902, gr. in-8°, 95 p., br.

STRASBOURG.

714 — **Appell, F. v.** Geschichte der Befestigung von Strassburg i. E. vom Wiederaufbau der Stadt nach der Völkerwanderung bis z. J. 1681. Strassb. 1902, gr. in-8°, XXI—373 p., br. Mit Textzeichnungen und 6 Tafelbeilagen.

715 — **Archives.** — Correspondenz (Politische) der Stadt Strassburg im Zeitalter der Reformation. Bd. I—III. Strassb. 1882—1898. 3 vol. gr. in-8°, demi-rel. toile.

716 — — Urkundenbuch der Stadt Strassburg. Bd. I, II, III, IV_1, IV_2, V_1, V_2, VI. Strassb. 1879—1899. 8 vol. in-4°, br. (Ouvrage publ. à 208 Mk.)

717 — **(Aufschlager, J. F.)** Petit Tableau de Strasbourg, ou Notices topogr. et hist. sur cette ville. 2° édit. Strasb. 1821, in-24, 32 p., demi-rel. veau.

718 — **Bernhard, B.** Essai sur l'histoire municipale de la ville de Strasbourg. (Extr. de la „Biblioth. de l'Ecole des Chartes"). Paris 1840, gr. in-8°, 32 p., br.

719 — **Bibliothèques.** — Blumstein, F. La Bibliothèque municipale de Strasbourg et son histoire. (Extr. de la „Revue cathol. d'Alsace). Rixheim 1903. gr. in-8°, 115 p., br.

720 — — — Excerpta e Catalogo Bibliothecae civitatis Argentinensis. Argentor. 1897, in-8°, IV—164 p., br.

721 — — — Excerpta (nova) e Catalogo Bibliothecae civitatis Argentinensis. Argentor. 1901, in-8°, VI—299 p., br.

STRASBOURG.

722 — **Bibliothèques.** — (Jung, A.) Notice sur l'origine des bibliothèques dans la ville de Strasbourg. Strasbourg 1844, in-8°, 46 p. pap. fort, br.

723 — — Rathgeber, Julius. Die handschriftlichen Schätze der früheren Strassburger Stadtbibliothek. Ein Beitrag zur elsäss. Bibliographie. Gütersloh 1876, in-8°, VIII—216 p., demi-rel. perc.

724 — — Ristelhuber, P. Histoire de la Formation de la Bibliothèque Municipale créée à Strasbourg en 1872. Paris 1895, in-8°, 36 p., br.

725 — — Schmidt, Ch. Zur Geschichte der ältesten Bibliotheken und der ersten Buchdrucker zu Strassburg. Strassburg 1882, gr. in-8°, VI—200 p., demi-rel. toile.

726 — **Blumstein, F.** La Presse périodique à Strasbourg pendant le 18e siècle. (Extr. du „Bull. de la Soc. des sciences . . . de la Basse-Alsace"). Strasb. 1901, in-8°, 16 p., br.

727 — **Bouteiller, E. de,** et **Hepp, Eug.** Correspondance polit. adressée au Magistrat de Strasbourg par ses agents à Metz (1594—1683). Paris 1882, gr. in-8°, XVIII—464 p., demi-rel toile.

728 — **Brasserie du Géant.** — **Gravure.** — Enseigne de l'anc. Brasserie du Géant. — Un coin dans une Brasserie en 1850. Th. Siegfried. 2 lithogr. in-8° obl., rognées, montées sur une feuille blanche in-fol.

729 — **Butsch, A. F.** Strassburger Räthselbuch. Die erste zu Strassburg ums Jahr 1505 gedruckte deutsche Räthselsammlung, neu herausgegeben. Strassb. 1876, gr. in-8°, X—38 p., demi-rel. toile.

730 — **Cahn, Dr. Julius.** Münz- und Geldgeschichte der Stadt Strassburg im Mittelalter. Mit einer Tafel. Strassb. 1895, in-8°, VIII—176 p., cart. demi-perc.

731 — **Capitulation de 1681.** — Capitulation accordée par Sa Majesté à la ville de Strasbourg. Avec l'arrêt du Conseil d'Estat, et Lettres patentes portant confirmation d'icelle, ensemble l'Arrest d'Enregistrement du Conseil Souverain d'Alsace. — En Français et en Allemand. (Strasb. 1716), in-fol., 19 p., br. (Déchirures).

732 — — Coste. Réunion de Strasbourg à la France. Documents pour la plupart inédits. Strasbourg 1841, in-8°, VIII—184 p., demi-rel. chagr., non rogné.

733 — — — Même ouvrage, br.

734 — — Weiss, Arm. Le 30 Septembre 1681. Etude sur la réunion de Strasbourg à la France. (Extr. de la „Revue alsacienne"). Paris 1881, gr. in-8°, 50 p., br. Av. 1 grav.

735 — **Chaix, N.** Etude histor. et descriptive de Strasbourg et de ses environs. Paris 1852, in-24, 156 p., br. Av. le plan de la ville.

736 — **Chambre de Commerce.** — Haug, Dr. H. Die Handelskammer zu Strassburg i. E. 1803—1903. Festschrift. Mit 5 Lichtdrucktafeln. Strassb. 1903, gr. in-8°, 80 p., br. Tiré sur papier de Hollande.

737 — **Chroniques.** — Code historique et diplomatique de la ville de Strasbourg. Tome I (Parties 1 et 2). (Rédigé par L. Schnéegans et A. Strobel. Avec introduct. par G. F. Schützenberger). Strasb. 1843. 1 fort vol. in-4°, demi-rel. basane.

738 — — Hegel, C. Die Chroniken der oberrheinischen Städte. — Strassburg. (Die Chroniken von Closener & Kœnigshoven). Leipzig 1870—1871. 2 vol. in-8°, IX—1167 p., demi-rel. perc. Av. 1 carte et 1 plan.

739 — — Kœnigshoven, J. v. Die Alteste Teutsche so wol Allgemeine als insonderheit Elsassische und Strassburgische Chronicke. Herausgeg. von D. Joh. Schiltern. Strassburg 1698. 1 vol. in-4°, pl. rel. veau anc. Avec 7 pl. et 1 frontisp. grav. (Bel. exempl.)

740 — — Meyer, Jean-Jacques. Chronique strasbourgeoise. Publiée pour la première fois... par Rod. Reuss. Strasb. 1873, gr. in-8°, 183 p., demi-rel. toile.

STRASBOURG.

741 — **Chroniques.** — Reisseissen, Franciscus. Strassburgische Chronik von 1657—1677. — Aufzeichnungen des Ammeisters Franciscus Reisseissen, mit Einleitung und Anmerkungen her. v. Rud. Reuss. Strassb. 1880, in-8°, 155 p., br.

742 — — — Strassburgische Chronik von 1667—1710. — Memorial des Ammeisters Franciscus Reisseissen. Herausgeg. mit Anmerkungen und Einleitung von Rud. Reuss. Strassburg 1877, in-8°, XXVIII—224 p., demi-rel. toile.

743 — **Conférences.** — Sabatier, A., Rod. Reuss et G. Guibal. Trois Conférences strasbourgeoises, faites au profit des victimes de la guerre en France. Strasb. 1872, in-8°, 106 p., br.

744 — **Coqueugniot.** Mémoire historique sur les anciens monumens militaires de la ville de Strasbourg. Strasbourg 1822, in-8°, IV—156 p., br. (Rare).

745 — **Costumes.** — Seyboth, Ad. Costumes des Femmes de Strasbourg (XVIIe et XVIIIe siècles). 46 pl. dessinées d'après des documents de l'époque. Strasbourg 1880, pet. in-4°, 4 p. de texte et 46 pl., dans un carton. (N° 1 des 50 exempl. numérotés pour l'auteur).

746 — — — Costumes strasbourgeois. (Hommes — XVIe, XVIIe et XVIIIe siècles). 54 planches dessinées d'après des documents de l'époque. Strasbourg 1881, pet. in-4°, 12 p. de texte et 54 pl., dans un carton. (N° 2 des 50 exempl. numérotés pour l'auteur).

747 — **Denkschrift Kurfürst Friedrichs III.** von Brandenburg an Kaiser Leopold I. über die Nothwendigkeit der Wiedererwerbung Strassburgs 1696. Neu herausg. von Dr F. Ebrard. Strassb. 1877, in-4°, 13 p., demi-rel. parch.

748 — **Denkschrift** zur Einweihung des neuen Reichs-Post- u. Telegraphengebäudes an der Königsstrasse in Strassburg (Els.) am 12. Novbr. 1899. Strassb. 1899, gr. in-8°, IV—90 p., br. Mit vielen Lichtdruckbildern.

749 — **Destrais.** Revendication de la Caserne vieille des Ponts-Couverts et des Ecuries de la place d'Armes. Rapport présenté au Conseil municipal dans la séance du 13 Mai 1870. Strasbourg 1870, in-8°, 22 p., br.

750 — **Diaconesses (Maison des).** — Boegner, C. Im Dienst des Herrn. Denkschrift z. Jubelfeier der 50jähr. Wirksamkeit des Diakonissen-Mutterhauses zu Strassburg i. E. Mit vielen Lichtdruckbildern. Strassb. 1893, gr. in-8°, 192 p., br.

751 — **Dialecte strasbourgeois.** — (Arnold, J. D. G.) Der Pfingstmontag. Lustspiel in Strassburger Mundart in fünf Aufzügen und in Versen. Nebst einem die eigenthümlichen einheimischen Ausdrücke erklärenden Wörterbuche. Strassburg 1816, in-8°, VIII—199 p., cart. Av. couvert. ill. conservée.

752 — — — Der Pfingstmontag. Lustspiel in Strassburger Mundart in fünf Aufzügen und in Versen. Dritte . . . Ausgabe ausgestattet mit 40 Original-Zeichnungen von Théophile Schuler, einer Biographie des Dichters von Herrn Decan Rauter, einer Beurtheilung dieses Werkes von Goethe und einem Wörterbuche eigentümlicher Strassburger Ausdrücke durch Herrn Hartmann vermehrt. Strassburg 1867. 1 vol. in-4°, cart. Avec portrait de l'auteur. — Edition avec les dessins en bistre. (Rare).

753 — — Bilder (Strosburjer), her. von A. Schneider. N°s 1 à 60, 62, 63, 67, 71, 73, 75, 78 à 82, 85. En tout 72 N[os] in-fol., en feuilles.

754 — — — Doubles des N°s 4, 8, 10, 26, 28, 32, 34, 45, 47, 50, 52, 55 et 57.

755 — — Boese, C. D'Westhöffler Vakanzreis unn d'Reis iwwer de Scharrachberry. Ynladungsepischdel zuem Akkerbaufescht von Alsche, im April 1881. Strassburg 1882, in-12, 22 p., br.

756 — — (François, H. A.) D'Hüsmittel. E Comedie wo au ebbs vun de Hexemeister un de respectawle Schlofer vorkummt. Uffgsetzt vun d'r Frau Bärwel vun Blappermül. Strassb. 1886, in-18, 40 p., br.

STRASBOURG.

757 — **Dialecte strasbourgeois.** — Froelich, Jules. Strosburjer Holzhauerfawle, mit Titelkupfer un zwanzig Bildle fum Joseph Lindebluest. (H. Ganier). Nancy 1885, in-16, 73 p., br., couv. parch., non rogné. (Exempl. sur papier chamois, N° 49).

758 — — Greber, Julius. Lucie. Dramatisches Sittenbild in einem Aufzug in Strassb. Mundart. Strassb. 1896, in-16, 55 p., br.

759 — — — Sainte-Cécile! Lustspiel in einem Aufzuge in Strassb. Mundart. Strassb. 1897, in-16, 52 p., br.

760 — — Helje (Strosburjer), im Herr Vetter Daniel zen'Ehre gezeicht vom e Burrjerskind. 12 planches lith., en reprod. moderne, sous couverture ill., in-4°.

761 — — Hirtz, Daniel (fils). Fufzig Fawle frei nooch'm Lafontaine. In Strossburjer Mundart. Strassb. 1880, in-8°, V—140 p., cart. orig. Av. couv. ill.

762 — — — Unverbesserli. Sittegemäld in 2 Uffzügg un in Vers von D. H. in B. Strassb. 1886, in-18, 23 p., br.

763 — — Horsch, D. G. Ad. Zwei Meier oder d'r Bombié. Comedie-Bouffe in 1 Act. Strassb. 1896, in-8°, 26 p., br.

764 — — Kettner, Ch. F. So sin m'r halt! Meiselockeriade. Strassb. 1897, in-12, III—196 p., br. Av. quelques planches.

765 — — Le Mirliton. Publication mensuelle, intime, locale et illustrée. Tiré à petit nombre aux frais des „Mirlitons" de Strasbourg. Imp. Lith. Th. Siegfried. 1re année, Nos 1 à 6 (cplt.), 2e année, Nos 2 à 12, 3e année, Nos 1, 2, 3 et 5. En tout 21 Nos rédigés en franç. ou en dialecte strasbourgeois. (Cette publication presqu'introuvable, n'a pas été mise dans le commerce; par ordre de la police, elle fut interdite).

766 — — Pick Alph. Anno 1975. — E Brief vum ysere Mann an syni Frind. Strassburg, s. d. (1875), in-18, 61 p., br. Av. nombr. fig. (Plusieurs exempl.)

767 — — — Der Tolle Morgen. Lustspiel in 2 Acten, zum Theil in Strassb. Mundart. Mit Wörterb. u. Bemerkungen üb. d. Strassb. Dialekt. 2. umgearb. Aufl. Strassb. 1877, in-8°, 83 p., br. (Plusieurs exempl).

768 — — — **Manuscrit de l'auteur:** Der tolle Morgen. In 2 Aufzügen, 63 p. — Abbas Mirza (Ours & pacha). 30 p. 1 cahier in-4°, cart.

769 — — Schatzkästel (Elsässer). Sammlung von Gedichten u. prosaischen Aufsätzen in Strassburger Mundart, nebst einigen Versstücken in andern Idiomen des Elsasses. Mit einem „Schlüssele zuem Schatzkästel" von Ad. Stoeber. Strassburg 1877, in-8°, XX—512 p., rel. toile orig. Av. titre-frontisp. de C. E. Matthis.

770 — — Schmidt, Ch. Wörterbuch der Strassburger Mundart. Strassburg 1896, in-8°, XX—124 p., demi-rel. perc. Av. portrait.

771 — — Stöber, Ehrenfr. Daniel oder der Strassburger auf der Probe. Lustspiel mit Gesängen in 2 Aufzügen. Zum Theil in elsässischer Mundart. (1. Aufl.) Strassburg 1823, in-8°, 56 p., br.

772 — — — Daniel oder der Strassburger. 2. Aufl. Strassb. 1825, in-8°, VII—59 p., br. Vermehrt durch eine kleine Wörtersammlung und ein Titelbild.

773 — — Stoskopf, G. D'r Candidat. Luschtspiel in dreij Akt. Mit-e-re Deckezeichnung vun P. Braunagel. Strassb. 1899, in-12, 131 p., br.

774 — — — G'schpass un Ernscht. Gedichtle. Mit 53 Illüschtratione vun L. Blumer, P. Braunagel, M. Feuerstein, etc. etc. Mit Muesik vun M. J. Erb un A. Lorentz, un-ere Deckezeichnung vun Ch. Spindler, Strassb. 1897, in-12, 144 p., br.

775 — — — D'Millionepartie. Schwank in dreij Akt. Mit-e-re Deckezeichnung vun P. Braunagel. 2. Uflaa. Strassb. 1902, in-12, 145 p., br.

776 — — — D'Pariser Reis. Schwank in dreij Akt. Mit-e-re Deckezeichnung vun L. Schnug. 2. Uflaa. Strassb. 1901, in-12, 140 p., br.

STRASBOURG.

777 — **Ecoles.** — **Gymnase protestant.** — Erichson, Alfred. Stimmen über das Strassburger Gymnasium aus vierthalb Jahrhunderten. Ein Beitrag zur 350jähr. Jubelfeier am 1. Aug. 1888. Strassb. 1888, in-18, 15 p., br.

778 — — — Fête d'inauguration du nouveau Gymnase protestant de Strasbourg, célébrée les 9 et 10 Août 1865. Strasbourg 1865, in-8°, 66 p., demi-rel. chagr.

779 — — — Reuss, Rod. Les Colloques scolaires du Gymnase protestant de Strasbourg. Strasbourg 1881, in-8°, 66 p., br.

780 — — — — Histoire du Gymnase protestant de Strasbourg pendant la Révolution. (1789—1804). Paris 1891, in-8°, VII—264 p., br.

781 — — — Schnéegans A. Le 10 août 1865. Souvenir de l'inauguration du nouveau Gymnase protestant de Strasbourg. Strasb. 1865, in-16, 96 p., br.

782 — — — Strobel, A. G. Histoire du Gymnase protestant de Strasbourg. Strasbourg 1838, in-8°, VIII—183 p., demi-rel. chagr. (2 exempl.)

783 — — — Veil, Dr. Heinr. Das Protestantische Gymnasium zu Strassburg in den J. 1538—1888. Eine histor. Skizze. (Strassb. 1888), gr. in-8°, 16 p., br., couv. ill. Av. 2 vues hors texte.

784 — — — Weissandt, Ed. Souvenir des ravages exercés par l'incendie du 29 Juin 1860 sur les bâtiments du Collége de St-Guillaume et du Gymnase protestant à Strasbourg. Strasbourg 1860, in-fol., 1 p. de texte par G. H. Boegner et 9 planches, cart.

785 — **Eglises.** — Grandidier, l'abbé. Histoire de l'Eglise et des évêques-princes de Strasbourg. Strasbourg 1776—78. 2 vol. in-4°, demi-rel. chagr., dos orn., tranches rouges. **Av. portrait.** Bel. exempl. de cet ouvrage rare et recherché.

786 — — Kirchen-Ordnung (Revidirte) wie es mit der Lehre Göttl. Worts / .... In der Kirchen zu Strassburg / biss hieher gehalten worden / etc. Strassburg 1670, pet. in-4°, VIII—417 p., plus la table de 13 p., et 22 p. mscr. Rel. parch. (Bel exempl.)

787 — — **Cathédrale.** — Blumstein fils, Félix. Glanes sur la Cathédrale de Strasbourg. Rixheim 1901, in-4°, IV—45 p., br. Av. 11 planches photolith.

788 — — — Chapuy. Vues pittoresques de la Cathédrale de Strasbourg, et détails remarquables de ce monument. Avec un texte hist. et descriptif par J. G. Schweighäuser. Strasbourg 1827, in-4°, 55 p., plus 15 pl. lith. p. Engelmann, demi-rel. toile.

789 — — — Chauffour, Ign. Précis de la Cause liée devant la Cour royale de Colmar, entre les Sieurs Schmidt et Grucker, libraires, ... et le Sieur Lagier, libraire. — Réponse de M. Lagier à ce Précis. Strasb. 1842, in-4°, 8 p., non rel. (Affaire relative à la reproduction de la Cathédrale par le daguerréotype).

790 — — — Dacheux (le Chanoine). La Cathédrale de Strassbourg. Strasb. 1900, tr. gr. in-fol., XII—132 p., en 33 livraisons renfermées dans le portefeuille-emboîtage orig. Av. 66 planches photolith.

791 — — — Meyer, Ernst. Die Sculpturen des Strassburger Münsters. 1. Theil: Die älteren Sculpturen bis 1789. („Studien zur deutsch. Kunstgeschichte", H. 2). Strassb. 1894, gr. in-8°, III—81 p., br. Mit 35 Abbildungen.

792 — — — Reuss, Rodolphe. La Cathédrale de Strasbourg pendant la Révolution. Etudes sur l'Histoire politique et religieuse de l'Alsace (1789—1802). Paris 1888. 1 vol. in-18, br. Av. vue de la Cathédrale.

793 — — — Schadaeus, Os. Summum Argentoratensium templum: Das ist: Ausführl. u. eigendtl. Beschreibung dess viel künstlichen Münsters zu Strassb., etc. Strassb. 1617, pet. in-4°, XII—116 p., cart. Av. grav. dans le texte et 6 planches hors texte. (Très rare).

STRASBOURG.

794 — **Eglises.** — **Cathédrale.** — Schuster, H. Skizze zum Vollendungsbau des Münsters in Strassburg, nebst Erläuterungen. Herausg. von P. Bartholdy, Strassb. 1880, in-fol., 10 p., br. Avec 2 planches en photolith.

795 — — — Stöber, Ehrenfried. Der Sommerabend auf dem Münster zu Strassburg. Strassburg, s. d., in-12, 23 p., br.

796 — — — **Vitrail du 13e siècle** de la basse-nef de la Cathédrale de Strasbourg, peint par Baptiste Petit-Gérard, peintre-verrier. Typogr. de G. Silbermann. In-4o, en couleurs, av. marges.

797 — — — **Oeuvre Notre-Dame.** — Escalier de la maison de recette de l'œuvre de Notre-Dame. Chapuy del., lith. de Engelmann. (Pl. de „Chapuy, Vues pitt. de la Cathédrale de Strasb.") Gr. in-8o, sur Chine, av. marges.

798 — — **Eglise française.** — Reuss, Rod. Notes pour servir à l'histoire de l'église française de Strasbourg, 1538—1794. Strasb. 1880, in-8o, 147 p., br.

799 — — **Saint-Etienne.** — **Vues.** — Vue de l'ancienne église de St. Etienne. A. Straub, lith. A. Jung. — Restauration. Ed. Cron del., lith. E. Simon. 2 pl. in-8o (tirées de la „Revue cath. de l'Alsace").

800 — — **Saint-Pierre-le-Jeune.** — Horning, W. Urkundliches über die Jung-St.-Peter-Kirche u. -Gemeinde. I. Teil. Strassburg 1888, in-8o, VIII—116 p., br. Av. 2 pl.

801 — — — — Die Jung-Sanct-Peterkirche u. ihre Kapellen. Eine archäologische Studie. Festschrift zur 600jähr. Feier der Grundsteinlegung der Kirche (1290). Strassburg 1890, gr. in-8o, VII—60 p., br. Av. 11 pl. lith.

802 — — — (—) Mittheilungen aus der Geschichte der Jung-St.-Peterkirche. Strassb. 1898, in-8o, 54 p., br.

803 — — — Lambs, J. Ph. Die Jung-St.-Peter-Kirche in Strassburg. Eine gesch. Darstellung. Strassb. 1854, in-8o, IV—108 p., br. (2 exempl.)

804 — — **Saint-Thomas.** — Beschreibung des Grabmales, welches Se. Allerchristl. Maj. Ludwig der XV . . . dem Marschall Grafen von Sachsen, durch den Bildhauer J. B. Pigalle in Marmor hat verfertigen lassen, und welches im Jahr 1776 zu Strassburg in der St. Thomas-Stifts-Kirche ist aufgerichtet worden. Strassb., s. d., 3 p., in-4o.

805 — — — Heitz, Fr. C. Die St. Thomaskirche in Strassburg. Ein Beitrag z. Gesch. unserer Vaterstadt. Strassb. 1841, in-8o, III—140 p., demi-rel. chagr.

806 — — — Knod, Dr. Gustav C. Die Stiftsherren von St. Thomas zu Strassburg (1518—1548). Ein Beitrag z. Strassb. Kirchen- u. Schulgeschichte. Strassb. 1892, in-4o, 60 p., br.

807 — — — Rocheblave, S. Le Mausolée du Maréchal de Saxe par J. B. Pigalle. Paris 1901, gr. in-8o, 43 p., br.

808 — — — Schnéegans, L. L'église de Saint-Thomas à Strasbourg et ses monuments. Strasb. 1842, in-8o, XVI—318 p., demi-rel. chagr. Orné de 5 planches.

809 — — — Supplication des Pfarrers / vnnd der Pfarrkinder zu sant Thoman / aim Ersamen Radt zu Strassburg / vberantwort, etc. Darauss abzunemen / wie die Christliche Ee geliebt / vnd Teuffelische Hurerey / oder Pfaffenkeuschhait / . . . der gemaynen Erberkait verhasset sey / . . . (Strassb.) 1524, pet. in-4o, 23 p., br.

810 — — **Sainte-Aurélie.** — Heinemann, J. G. Die Kirche Sanct-Aurelien in Strassburg. Ein Beitrag zur Geschichte unserer Vaterstadt. Strassburg 1865, in-8o, IV—118 p., br. Av. 1 pl.

811 — — **Sainte-Madeleine.** — Schickelé, M. Die Sankt Magdalena-Kirche in Strassburg. Strassb. 1896, in-fol., 15 p. de texte et 20 planches, le tout dans l'emboîtage orig.

STRASBOURG.

812 — **Eglises.** — **Temple-Neuf.** — Edel, Fr. W. Die Neue-Kirche in Strassburg. Nachrichten von ihrer Entstehung etc., besonders auch v. neuentdeckten Todtentanze. Ein Beitrag zur Geschichte unserer Vaterstadt. Strassb. 1825, in-8°, IV—90 p., br. Av. 5 pl. lith.

813 — — — Kopp, G. Rückblicke auf die Geschichte der Neuen Kirche in Strassburg. Eine Conferenz am 6. Februar 1872 zu Alt St. Peter gehalten. Strassb. 1872, in-8°, 43 p., br. Av. 1 pl.

814 — — — Reinhard, Aimé. Le Temple-Neuf à Strasbourg. Notice commémorative. Strasb. 1888, in-4° obl., cart. (Av. grav. dans le texte et hors texte).

815 — — — Straub, A. La première pierre de l'ancienne église des Dominicains, autrement appelée Temple-Neuf, à Strasbourg. Strasbourg 1875, gr. in-8°, 15 p., br. Av. 1 pl. photoglypt. (Tiré à 300 exempl.)

816 — — **Temple réformé.** — Maeder, Ad. Notice historique sur la paroisse réformée de Strasbourg, et recueil de pièces probantes. Strasb. 1853, in-8°, VIII—123 p., br. (2 exempl.)

817 — — — Stricker, Ed. Johannes Calvin als erster Pfarrer der reformirten Gemeinde zu Strassburg. Strassb. 1890, in-8°, VI—66 p., br.

818 — **Engelhardt, Ed.** La tribu des bateliers de Strasbourg et les collèges de nautes gallo-romains. (Extr. de la „Revue alsacienne"). Nancy 1887, in-8°, 28 p., br.

819 — **Evêché.** — Bebel, Balthasar. Antiquitates Germaniæ primæ et in hac Argentoratensis ecclesiæ evangelicæ ... Argentor. 1669, pet. in-4°, 254 p., plus dédicace et index, cart.

820 — — Gloeckler, L. G. Geschichte des Bisthums Strassburg. Strassburg 1879—1880. 2 vol. in-8°, demi-rel. basane.

821 — **Evénements et Fêtes.** — **1576.** — Fischart, Joh. Das Glückhafft Schiff von Zürich. Ein Lobspruch / vonn der Glücklichen vnd Wolfertigen Schiffart / einer Burgerlichen Geselschafft auss Zürich / .... Nach dem Bernhard Jobin'schen Druck (1577) neu herausg. 1884. Strassb. 1884, pet. in-4°, 23 p., br. Titre ill.

822 — — — Maurer, H. R. Der warme Hirsbrey von Zürich auf dem Freyschiessen zu Strassburg (von 1576). Eine Legende aus dem 16. Jahrh. Mit Kupfern. Zürich 1792, in-4°, XII—108 p., demi-rel. chagr. (Ouvrage recherché).

823 — — — Stimmer, Tobias. Tobias Stimmers Strassburger Freischiessen v. J. 1576. Nach d. Original-Holzschnitt der kais. Universitäts- und Landesbibl. zu Strassburg in Lichtdruck-Facsimile mit erklärendem Text herausg. von Dr. Aug. Schricker Strassb. 1880. 1 vol. de texte in-4° de 20 p., br. (**La grande planche** renfermée dans un carton in-fol. **manque.**)

824 — — **1836.** — Laity, Armand. Relation histor. des Evênements du 30 octobre 1836. Le Prince Napoléon à Strasbourg. Paris 1838, in-8°, 95 p. Av. portr. — Napoléon-Louis Bonaparte. Des Idées napoléoniennes. Paris 1839, in-8°, VIII—266 p. — Réunis en 1 vol. en demi-rel. veau rouge.

825 — — — Procès de l'Insurrection militaire du 30 oct. 1836, jugé par la Cour d'assises du Bas-Rhin. Strasb. 1837, in-8°, 255 p., cart. (Taches de rousseur).

826 — — **1863.** — Grand Festival Choral. Programme de la Fête des 20, 21 et 22 juin 1863 à l'occasion de la Septième Réunion des Sociétés chorales d'Alsace. Av. Biogr. et Portraits publ. par Ch. Lallemand. Strasb. 1863, in-4°, 20 p., demi-rel. chagr.

827 — — — Septième Réunion des Sociétés chorales d'Alsace. 20, 21 et 22 juin 1863. Festival de Strasbourg. Livret et Programme. Strasb. 1863, in-8°, 87—109 p., br.

828 — — — Le Kraentzel dans sa décadence. 1863. 4 pages, in-4° autogr.

STRASBOURG.

829 — **Evénements et Fêtes. — 1866. — Photographie.** — Les Etudiants à l'Orangerie, 10 Mai 1866. Dessin de Th. Schuler, Ch. Winter Phot. Gr. in-8° obl., sur carton blanc.

830 — — **1882. — Gravure.** — Zuer Inweihung vum neje Landesüschusshisel. („Meiselocker's Helje, Nr. 10"). Schmauder. Typ. et Lith. A. Dusch. In-fol. obl.

831 — **Exposition 1903.** — Seyboth, Ad., et C. Binder. Album de l'Exposition militaire de la Société des Amis des Arts de Strasbourg. 33 planches en phototypie, av. texte explicatif. Strasb. 1904, in-fol., non reliées.

832 — **Fargès-Méricourt, P. I.** Description de la ville de Strasbourg. Strasb. 1825, in-18, VIII—284 p., demi-rel. chagr. Av. 3 planches lith. et 2 vign.

833 — **Friese, Joh.** Neue Vaterländische Geschichte der Stadt Strassburg und des ehemaligen Elsasses. Strassburg 1791—1801. 5 vol. in-8°, cart., tr. rouges. Avec grav. (Exempl. sur papier épais, sans taches).

834 — **Gény, Jos.** Die Fahnen der Strassburger Bürgerwehr im 17. Jahrhundert. Mit 12 farb. Fahnenabbildungen. („Beitr. z. Landes- u. Volkeskunde v. Els.-Lothr.", H. 28). Strassb. 1902, in-8°, VIII—47 p., br.

835 — **Gutemberg.** — Ihme, F. A. Gutenberg und die Buchdruckerkunst im Elsass. Strassb. 1891, in-8°, 52 p., br. Av. portrait.

836 — — Lichtenberger, Joh. Friedr. Geschichte der Erfindung der Buchdruckerkunst zur Ehrenrettung Strassburgs und vollständiger Widerlegung der Sagen von Harlem. Mit einem Vorberichte von Hrn. Joh. Godfr. Schweighäuser. Strassb. 1824, in-8°, VI-90 p., demi-rel. veau. Av. portr. et 6 modèles d'écritures.

837 — — — Même ouvrage, br.

838 — — Relation complète des Fêtes de Gutenberg célébrées à Strasbourg, les 24, 25 et 26 juin 1840. 1 vol. in-8°, 172 p., demi-rel. chagr. Avec quelques gravures.

839 — — Schoepflin, Joh. Dan. Vindiciae typographicae. — Documenta typographicarum originum. Argentor. 1760. 1 vol. in-4°, IV—120—42 p., et index, br. Av. 7 tab.

840 — — **Portrait.** — Jean Gutenberg, Inventeur de l'imprimerie. Pet. in-fol., buste à droite. Lith. de E. Simon fils à Strasb. Av. marges.

841 — **(Hautemer, de).** Description historique et topographique de la Ville de Strasbourg, et de tout ce qu'elle contient de plus remarquable en faveur des voyageurs. Strasbourg 1785, in-18, VII—190 p., cart.

842 — **Holl, Paul.** Souvenirs du Vieux Strasbourg. Avec 15 planches, dont 7 en couleurs. Strasb. 1901, pet. in-fol. obl., 40 p., br.

843 — **Hollaender, Dr. A.** Strassburg im franz. Kriege 1552. („Beiträge zur Landes- u. Volkeskunde v. Els.-Lothr.", H. 6). Strassb. 1888, in-8°, 68 p., br.

844 — **Hôpitaux.** — Kentzinger, Ant. de. Des hospices civils de Strasbourg et de l'hôpital en particulier. Strasbourg 1823, in-8°, 103 p., demi-rel. chagr.

845 — — Réponse de la commission administrative des Hospices à un écrit publié par son Président, Monsieur de Kentzinger, Maire de la Ville de Strasbourg, intitulé: Des Hospices civils de Strasbourg et de l'Hôpital en particulier. Strasb., s. d., in-8°, 26 p., demi-rel. chagr.

846 — — (Kentzinger, Ant. de). Réplique de M. le Maire de Strasbourg à la Réponse de la Commission administrative des hospices. Strasbourg 1823, in-8°, 59 p., demi-rel. chagr.

847 — — Marquaire et Theis. Mémoire pour la commission administrative des hospices civils réunis de la ville de Strasbourg, en réponse à la demande du bureau de bienfaisance de la même ville, ayant pour objet de faire séparer les biens et revenus de la fondation de St Marc de l'administration des hospices réunis. Strasbourg 1844, in-4°, 67 p., dérel.

STRASBOURG.

848 — **Impression de 1527.** — Tengler, Vldarici. Der Neü Layenspiegel von rechtmässigen ordnungen in Burgerlichen vnd peinlichen Regimenten .... Strassb., Joh. Knobloch, 1527, pet. in-fol. VIII—151—IV feuillets, br. Av. gravures sur bois.

849 — **Kindler von Knobloch, J.** Das goldene Buch von Strassburg. Wien 1886, in-8°, 478 p., demi-rel. toile. Av. 46 planches d'armoiries. (Devenu très rare par suite d'un incendie).

850 — **(Kloeckler), Madame la baronne.** La Société de Strasbourg. Etude suivie du Carnet mondain strasbourgeois qui la complète. Colmar 1888, in-8°, III—186—71 p., br.

851 — **Krafft, Adolphe.** Les Serments Carolingiens de 842 à Strasbourg, en roman et tudesque. Paris 1901, in-8°, VIII—150 p., br.

852 — **Kristeller, Dr. Paul.** Die Strassburger Bücher-Illustration im XV. und im Anfange des XVI. Jahrhunderts („Beiträge zur Kunstgeschichte", N. F. VII.) Leipzig 1888, in-8°, 172 p., br. Av. 39 illustr.

853 — **Laquiante, A.** Deux Touristes à Strasbourg (1792—1801). (Extr. de la „Rev. alsac.") Paris 1890, gr. in-8°, 50 p., br. Av. 1 dessin inédit de B. Zix.

854 — **Lauth, Joh. Fridericus.** Conspectus judiciorum Argentinensium. Argentorati 1784. 2 parties in-4°, II—70 p., dérelié.

855 — **Lossen, Max.** Der Anfang des Strassburger Kapitelstreites. (Aus den „Abhandlungen d. k. bayer. Akademie der Wiss."). München 1889, in-4°, 64 p., br.

856 — **Ludwig, Hermann (von Jan).** Strassburg vor hundert Jahren. Ein Beitrag zur Kulturgeschichte. Mit Ansicht v. Strassb., ill. Titelblatt und vielen Kopfleisten. Stuttgart 1888, in-8°, XII—348 p., br.

857 — **Martin, Dr. Ernst.** Die Meistersänger von Strassburg. Vortrag, gehalten am 5. März 1882. Strassb. 1882, in-8°, 18 p., br. Avec 2 planches. (2 exempl.)

858 — **Meiselocker (D'r) un D'r Maikäfer.** — Le Petit Strasbourgeois et Le Hanneton. Journal hebdom., ill., litt. et humorist. 1re à 7e années. Strasb. 1886—1892. Rel. en 4 vol. in-fol., demi-rel. perc.

859 — **Modification du plan général d'alignement** de la ville de Strasbourg. Strasbourg 1871, in-8°, 70 p., br.

860 — **Montagne-Verte.** — (Reiber, F.) Montagne-Verte. Comment l'Isle de Coléo feut inaugurée à la Montaigne-Verde, et Histoire vicieuse de la Montagne-Verte. Strasb. 1877, gr. in-4°, 29 p., à grandes marges, br. Av. 14 pl. (eaux-fortes, bois anciens, etc.). Papier de Hollande. Tiré à petit nombre.

861 — **Morlet, de (le Colonel).** Notice sur les anciens aqueducs de Strasbourg. (Extr. d'un travail inédit sur la topographie de l'arrondissement de Strasbourg à l'époque gallo-romaine). Strasbourg 1860, in-8°, 10 p., demi-rel. chagr. Av. 1 carte.

862 — **Müllenheim von Rechberg, Freiherr Hermann von.** Das Geschöll der von Müllenheim und Zorn, 1332. Strassburg 1893, gr. in-4°, 48 p., br. Av. 6 planches lith.

863 — **Müller, Heinrich.** Die Restauration des Katholicismus in Strassburg. („Halle'sche Abhandl. z. Neueren Geschichte", H. 14.) Halle 1882, in-8°, 97 p., br.

864 — **Musique.** — Berg, Conr. Aperçu historique sur l'état de la musique à Strasbourg, pendant les cinquante dernières années. Strasb. 1840, in-8°, IV—86 p., br.

865 — **Neuhof.** — Reuss, Rud. Geschichte des Neuhofes bei Strassburg. Eine histor. Skizze nach ungedruckten Dokumenten des Stadtarchivs. Strassburg 1884, in-8°, 108 p., br.

866 — **Neukirch, F. X.** S'Pfiffel vum e Meiselocker. Gedichte. Mit 60 Zeichnunge vun L. Blumer, P. Braunagel, L. Hornecker, etc. etc. Deckezeichnung vun H. Loux. Strassb. 1904, in-12, 156 p., br.

STRASBOURG.

867 — **Noms (Vieux) et Rues nouvelles** de Strasbourg. Causeries biographiques d'un flâneur, avec une préface, par Rod. Reuss. (Extr.des „Affiches de Strasb.") Strasb. 1883, in-18, XIV—442 p., demi-rel. perc.

868 — **Ordonnances.** — Brucker, J. Strassburger Zunft- und Polizei-Verordnungen des 14. und 15. Jahrhunderts. Nebst einem Glossar zur Erläuterung sprachlicher Eigenthümlichkeiten von J. Brucker und G. Wethly. Strassb. 1889, gr. in-8°, XII—625 p., br.

869 — — Sammlung gedruckter u. schriftlicher Edicte und Verordnungen die freie Reich- und izt königlich französische Stadt Strasburg betreffend (aus d. J. 1523—1735). Circa 40 Ordnungen in-fol., zusammen in einen starken Pergamentband gebunden.

870 — — **1570.** — Erneuerte Allment-Ordnung aus d. J. 1532. In-fol., 18 p., br.

871 — — **1628.** — Der Statt Strassburg Policey-Ordnung. Strassburg 1628, in-fol., XII—104 p., nebst Appendix, 48 p., cart. anc.

872 — — **1685.** — Extract auss der Statt Strassburg Kleider-Ordnung de anno 1660 u. 1678. In-fol., 9 p.

873 — — **1687.** — Hochzeit-Ordnung / der Königl. Freyen Statt Strassburg In-fol., 12 p.

874 — — — Même ordonnance, autre tirage. In-fol., 12 p.

875 — — **1694.** — Instruction wessen die Vögte bey Anlag der Vogtey-Gelder sich künfftig / bis auff anderwärtige Verordnung / zu verhalten. In-fol., 9 p.

876 — — **1708.** — Der Statt Strassburg Policey-Ordnung. In-fol., 194 p. (Sans titre). — **1786.** — Der Stadt Strassburg erneuerte Feuer-Ordnung de Anno 1786. Strassb., 1786, in-fol., 48 p. — Beschreibung der 10 Cantone, in welche die Stadt eingetheilt ist. In-fol., 7 p., av. plan de la ville gravé par Weis, 1786. — Les 3 en 1 vol. cart.

877 — — **1736.** — Der Statt Strassburg Land-Policey-Ordnung. In-fol., 6 p.

878 — — **1748.** — Assistance des enfants trouvés. In-fol., 4 p.

879 — — **1757.** — Strassburgisches Collegium medicum, sambt beygefügten Ordnungen der Medicorum und Apotheker. Strasb. 1757, in-fol., 36 p., br.

880 — — — Erneuerte und Verbesserte Artickel eines Löbl. Corps derer Chirurgorum oder Wund-Aertzte der Stadt Strassburg. Strasb. 1757, in-fol., 20 p., br.

881 — — **1861.** — Recueil des arrêtés et autres actes relatifs à la police de la ville de Strasbourg. Strasb. 1861—1870. 2 tomes en 1 vol. in-8°, demi-rel. perc.

882 — **Oeuvre Notre-Dame.** — Blumstein, F. L'Oeuvre Notre-Dame et sa légende. (Extr. de la „Rev. cathol. d'Alsace"). Rixheim 1902, in-8°, 47 p., br.

883 — — Blumstein, F., u. Ad. Seyboth. Urkunden des Stifts genannt Unser-Lieben-Frauen-Werk. Auszüge betr. der Stadt Strassburg zukommende Rechte in der Verwaltung des Werkes. Strassb. 1900, in-8°, XIV—432 p., br.

884 — — Hanauer, A. Nouvelles Notes sur l'Oeuvre Notre-Dame (Extr. de la „Rev. cath. d'Alsace"). Strasb. 1902, in-8°, 74 p., br.

885 — **Pélissier, Léon G.** Henri IV, Bongars et Strasbourg. Paris, s. d. (1888), gr. in-8°, 50 p., br. (Extr. de la „Revue alsacienne").

886 — **Piton, Fréd.** Strasbourg illustré, ou Panorama pittor., histor. et statist. de Strasbourg et de ses environs. Strasb. 1855. 2 vol. gr. in-4°, cart. Av. nombr. planches color. et noires, 1 plan de la ville, 4 grands panoramas et le Suppl. de **M. Thiébault** intercallé dans le texte. (En dehors du cartonnage, bel exempl.)

887 — **Plans.** — Plan de Strasbourg. Ville Capitale de la Province d'Alsace... Gravé par Inselin, Géographe. A Paris chez M. de Beaurin... In-fol. obl., à grandes marges.

STRASBOURG.

888 — **Plans.** — Historischer Plan der Stadt Strassburg i. E. 1 feuille tr. gr. in-fol. obl., en reprod. photolith., av. 8 pet. vues de Strasbourg dans l'encadrement.

889 — — Plan de Strasbourg et de sa banlieue. Av. légende explicat. Lith. et Typogr. E. Simon, Strasb. In-fol. obl., av. marges.

890 — **Procès-verbal** des séances de l'assemblée provinciale d'Alsace (tenues à Strasbourg aux mois de Nov. et Déc. 1787). Strasbourg 1788, in-4°, 283 p., demi-rel. chagr.

891 — **Rautenstrauch, Joh.** Strassburg nach seiner Verfassung beschrieben. (En vers). Colmar 1770, in-12, 74 p., demi-rel. chagr. Avec pet. vue de Strasbourg, par Striedbeck.

892 — **Réformation.** — Baum, Ad. Magistrat und Reformation in Strassburg bis 1529. Strassburg 1887, in-8°, XXIII—212 p., demi-rel. toile.

893 — **Regiments-Verfassung.** — Der Stadt Strassburg Regiments-Verfassung in Anno 1731, 32, 34, 39, 40, 46, 48, 49, 62 et 1763. Strasbourg 1731 à 1763. 10 vol. in-24, cart. et en rel. veau anc.

894 — **Reiber, Ferd., et Streisguth.** Insignia civitatis Argentoratensis. Les Armes de la Ville de Strasbourg. XX planches d'après les documents des diverses époques. Strasb. 1878, in-4°, dans un portefeuille en demi-toile rouge.

895 — (**Reiber, Ferd.**) **Coléo.** D'Fischer vun Strossburry in Steckelburjer Dytsch. Strossburry, de 15 Juni 1879. In-8°, 8 p., demi-rel. veau, av. coins, ouvrage non rogné. Av. frontisp. dess. p. Paul Reiber. (Expl. sur Hollande. — Tiré à petit nombre).

896 — **Reuss, Rod.** Une Oeuvre charitable de l'ancien Strasbourg: L'Oeuvre de bienfaisance pour les pauvres honteux protestants (Privat-Armen-Anstalt) 1780—1880. Notice rédigée à l'occasion du centième anniversaire de l'œuvre. Strasb. 1881, in-8°, 64 p., br.

897 — — La Justice criminelle et la Police des mœurs à Strasbourg au 16e et au 17e siècle. Causeries historiques. (Extr. des „Affiches de Strasbourg"). Strasb. 1885, in-18, 286 p., demi-rel. perc.

898 — — — Même ouvrage, broché.

899 — — Correspondances politiques et Chroniques Parisiennes adressées à Christophe Güntzer, syndic royal de la ville de Strasbourg (1681—1685), publiées d'après les originaux conservés aux Archives de la Ville. Paris 1890, gr. in-8°, 142 p., br.

900 — — Les Suites d'un Emprunt. Episode des relations diplomatiques de la Cour de France avec la République de Strasbourg (1646—1648). (Extr. des „Annales de l'Est"). Nancy 1902, gr. in-8°, 56 p., br.

901 — **Révolution.** — Appel de la Commune de Strasbourg à la République et à la Convention Nationale. Strasb., s. d., in-8°, 35 p., br.

902 — — — Même plaquette. A la suite: Copie figurée des Procès-verbaux du Comité de Surveillance et de Sureté générale du département du Bas-Rhin. Strasb. (1793), 94 p. 1 vol. in-8°, cart. demi-perc.

903 — — Boy. Discours prononcé dans le Temple de la Raison à Strasbourg, le Décadi 30 Pluviôse, 2e année de la République françoise, une et indivisible. Strasb. (an II), in-4°, 15 p., br.

904 — — Déclaration de la ville de Strasbourg à l'Assemblée Nationale. (Strasb. 1789), in-4°, 15 p., cart.

905 — — Deklaration der Stadt Strassburg bey der Nationalversammlung. S. l. ni d. (1789), in-4°, 15 p., br.

906 — — Délibération du corps municipal de la Commune de Strasbourg, portant une nouvelle dénomination des rues. S. l., an II, in-12, 16 p., br.

907 — — Dienstreglement für die Strassburger Bürgerwache. Strassb. 1790, in-12, 21 p., cart.

STRASBOURG.

908 — **Révolution.** — Gespräche (Patriotisches). Strassb 1791, in-8°, 23 p., br.

909 — — Heitz, F. C. Les Sociétés politiques de Strasbourg pendant les années 1790 à 1795. Extraits de leurs procès-verbaux. Strasbourg 1863, in-8°, VIII—400 p., rel. (2 exempl.)

910 — — Sammlung authentischer Belegschriften zur Revolutions-Geschichte von Strasburg, oder Aktenstücke der . . . . Volksrepräsentanten. Strasb., s. d. 2 vol. in-8°, br. (Connu généralement sous le titre de: „Das blaue Buch, von Ulrich").

911 — — — Même ouvrage, cart. (2 exempl.)

912 — — Séance extraordinaire de l'Assemblée générale des autorités constituées de Strasbourg convoquée par les citoyens Milhaud et Guyardin . . . Strasb. (1793), in-8°, 16 p., br.

913 — — Seinguerlet, E. L'Alsace française. Strasbourg pendant la Révolution. Paris 1881, in-8°, XII—364 p., demi-rel. toile.

914 — — (Turckheim, J. v.) Abhandlung, das Staatsrecht der Stadt Strassburg und des Elsasses überhaupt betreffend. Aus d. Französ. übersetzt. Strassb. 1789, in-8°, 155 p., demi-rel. veau.

915 — — — Bericht an die Gemeine von Strassburg über die Lage der National-Versammlung im Monath October dieses Jahres, als ich dieselbe verliess. Strassb. 1789, in-8°, 51 p, dérelié.

916 — **Revue (La) de Strasbourg** pendant l'an IX. Vaudeville en un acte. Strasbourg, an X, in-8°, 34 p., br.

917 — **Saint-Thomas (Affaires de).** — Bussierre, Baron Alfred Renouard de. Lettre sur les fondations de Saint-Thomas adressée à Mr Coulaux, Maire de Strasbourg et député de Saverne. Paris 1854, in-8°, 16 p., br.

918 — — Chauffour, J. Observations du Séminaire protestant de la Confession d'Augsbourg sur la demande portée par M. le maire de Strasbourg . . . Paris 1855, in-4°, 56 p., br.

919 — — — Même ouvrage, in-8°, 107 p., dérelié.

920 — — (Jung, André). Notice sur les fondations administrées par le Séminaire protestant de Strasbourg. Strasb. 1854, in-8°, 158—CLIX p., br.

921 — — — Même ouvrage, in-4°, 88—XC p., br.

922 — — Kugler, Th. Qu'en est-il des affaires de Saint-Thomas? Strasb. 1854, in-8°, 40 p., br.

923 — — Observations à l'appui de la pétition au Conseil municipal de Strasbourg, relativement à la revendication des biens connus sous les noms de Fondation de St-Thomas, Haute-Ecole, etc. etc. S. l. ni d., in-4°, 28 p. autogr., br.

924 — **Salomon, E.** Notice sur le Breuschecksclösslein. (Extr. du „Bull. de la Soc. des Mon. hist.") Strasb. 1884, gr. in-8°, 7 p., br. Avec une héliotypie et 2 fig.

925 — **Sandmann.** Album du vieux Strasbourg. 16 vues dessinées et lithogr. d'après nature. 1838—40. Strasbourg 1889, in-4°, 4 ff. de texte et 16 pl., dans un carton-emboîtage.

926 — **Schickelé, M.** Le vieux Strasbourg. Conférences faites au Cercle catholique de Strasbourg. Strasbourg 1890, gr. in-8°, 240 p., br. Av. 1 pl. photolith.

927 — **Schilter, Jo.** Jus Argentoratense. **Copie manuscrite ancienne** s'arrêtant au Chap. 28 du 2d livre et ne contenant que le sommaire du 3e livre. Fort cahier in-fol., br.

928 — **Schmidt, Charles.** Notice sur la ville de Strasbourg. Strasb. 1842, in-18, IV—302 p., cart. Av. quelques lithogr.

929 — — Mémoire d'un R. P. Jésuite pour la conversion de la ville de Strasbourg, 1686. Paris 1854, in-8°, 7 p., br.

930 — — Strassburger Gassen- u. Häusernamen im Mittelalter. 2. neu bearb. Aufl. Strassb. 1888, in-8°, V—207 p., demi-rel. perc.

STRASBOURG.

931 — **Schmoller, Gust.** Strassburg zur Zeit der Zunftkämpfe u. die Reform seiner Verfassung und Verwaltung im XV. Jahrh. Rede gehalten ... am 1. Mai 1875. (H. XI der „Quellen u. Forschungen z. Sprach- und Culturgesch. der germ. Völker"). Strassb. 1875, in-8°, XI—164 p., demi-rel. toile.

932 — — Die Strassburger Tucher- und Weberzunft. Urkunden und Darstellung nebst Regesten und Glossar. Strassburg 1879, in-4°, XXI—589 p., rel. (2 exempl.)

933 — **(Schrag, Fr.)** Libertas Argentoratensium stylo Rysvicensi non expuncta. S. l. 1707, pet. in-4°, IV—158 p., cart. (Recherché).

934 — **Schützenberger, G. F.** Esquisse historique de la Constitution de Strasbourg. Strasbourg 1843, in-4°, 30 p., br.

935 — **Seyboth, Ad.** Das alte Strassburg vom 13. Jahrhundert bis zum Jahre 1870. Geschichtl. Topographie nach den Urkunden und Chroniken bearbeitet. Strassburg 1890, gr. in-4°, XVI—331 p., texte et planches, demi-rel. chagr. (Ouvr. épuisé et rare.)

936 — — Strasbourg historique et pittoresque depuis son origine jusqu'en 1870. Aquarelles et Dessins par E. Schweitzer et A. Koerttgé. Strasbourg 1894, in-fol., XII—704 p., rel. toile orig., fers spéciaux.

937 — **Siége de 1814.** — (Dahler, G.) Das blokirte Strassburg vom 6. Jänner bis zum 16. April 1814. — Zum Andenken für meine Mitbürger. Strassburg, s. d., in-8°, 15 p., br.

938 — — Heitz, F. C. Strasbourg pendant ses deux blocus et les cent jours. Strasbourg 1861, in-8°, VII—272 p., demi-rel. perc. Av. le plan du siége de 1815.

939 — — Rey, J., et E. Rémy. Un général dauphinois: Le général Baron Bourgeat 1760—1827. Grenoble 1898. gr. in-8°, 145 p., cart. orig., tête dorée. Av. 1 portr., fac-similé d'autogr. et armoiries.

940 — **Siége de 1870.** — Bodenhorst, G. Campagne de 1870—1871. Le Siége de Strasbourg en 1870. Av. planches, cartes et tableaux. Bruxelles 1876, in-8°, VIII—169 p., demi-rel. toile.

941 — — Broutta, F. Strasbourg bombardé, 1870. Vingt croquis à deux teintes d'après nature. Nancy, s. d. (1871). Album in-8° oblong, sous enveloppe.

942 — — Fischbach, G. Guerre de 1870. — Le Siége et le bombardement de Strasbourg. 1re édit. Strasbourg 1870, in-12, IV—175 p., demi-rel. toile. (Sans le titre).

943 — — — Guerre de 1870. — Le Siége de Strasbourg. Strasbourg avant, pendant et après le siége. Aquarelles et dessins par E. Schweitzer. Strasbourg 1897, in-fol., XI—532 p., demi-rel. chagr., plats perc.

944 — — Flach, Jacques. Strasbourg après le bombardement. 2 octobre 1870 — 30 sept. 1872. Rapport sur les travaux du Comité de secours strasbourgeois. Strasbourg 1873, gr. in-8°, VIII—160 p., br. (2 exempl.)

945 — — Piton, Frédéric. Siége de Strasbourg. Journal d'un assiégé. Notes et Dessins par Alfred Touchemolin. Paris 1900, pet. in-4°, XV—271 p., br.

946 — — Römer, M. Strassburg und Zürich in den Jahren 1576 und 1870. Historische Reminiscenzen. Zürich 1884, in-8°, 39 p., br.

947 — — **Vues et Gravures.** — Vues de Strasbourg après le Bombardement de 1870. E. Oberthur del. et lith. Lith. Ch. Kreyder à Strasbourg. 3 planches in-fol. obl. (Pl. II en double).

948 — — — Guerre de 1870. Bombardement de Strasbourg. (13 août au 28 Septbr.) Lith. F. Oberthür, Strasb. In-8° obl., 2 planches (Gare et Préfecture).

949 — — — Siége de Strasbourg. 1870. 2 Photographies in-fol. obl. par Baudelaire, Saglio & Peter, montées sur carton blanc. (N° 21: Marais Kagenek. — N° 26: Temple Neuf).

STRASBOURG.

950 — **Siége de 1870. — Vues et Gravures.** — Diplôme: Bombardement de Strasbourg. Au Comité Central Suisse, les Membres du Comité de Secours strasbourgeois. E. Dock inv., D. Baltzer lith. Av. les armoiries color. des Cantons suisses. Gr. in-fol. obl., fond teinté, av. marges.

951 — **Silbermann, Johann Adreas.** Local-Geschichte der Stadt Strassburg. Strassb. 1775. 1 vol. in-fol., rel. veau anc. Av. 16 plans (Bel exempl.)

952 — **Spach, L.** Die Reihenfolge der Maires von Strassburg. Strassburg (1870), in-8°, 18 p., br.

953 — — Dramatische Bilder aus Strassburgs Vergangenheit. Strassb. 1876. 2 vol. in-12, demi-rel. perc.

954 — **Stadterweiterung (Die)** von Strassburg. — Verhandlungen bezüglich des die Stadterweiterung betreffenden, zwischen dem Reiche und der Stadt abgeschlossenen Vertrages. Strassburg 1876. in-8°, 64 p., cart.

955 — **Staehling, Ch.** Histoire contemporaine de Strasbourg et de l'Alsace (1830--1852). Nice 1884, in-8°, XII - 431 p., demi-rel. perc.

956 — **Strassburg (Des Heiligen Reichs Freyen Statt)** Gegenerklärung / mit warhaffter gründtlichen Widerlegung: Der beiden Erklärungs Schrifften / So . . . Herr Carolus der Röm: Kirchen Cardinal / Hertzog zu Lottringen / . . . Vnd Herr Frantz Freyherr zu Kriechingen / etc. zum theil wider sie in Truck aussgehn lassen. Strassb. / Anno 1592, pet. in-4°, 164 p. non. pag., cart.

957 — **Strassburg und seine Bauten.** Herausgegeben vom Architekten- und Ingenieur-Verein für Elsass-Lothringen. Mit 655 Abbildgn. im Text, 11 Tafeln und 1 Plan der Stadt. Strassburg 1894. in-4°, XII—686 p., br.

958 — **Touchemolin, A.** Strasbourg militaire. Avec nombreuses compositions de l'auteur. Paris 1895, in-fol., VII—150 p., br., av. emboîtage orig. (Exempl. N° 57, sur papier vélin).

959 — — Quelques Souvenirs du Vieux Strasbourg. Strasb. 1903, gr. in-4°, 15 pages de texte descriptif et XXI planches, br.

960 — **(Turckheim, J. de).** Mémoire de droit public sur la ville de Strasbourg et l'Alsace en général. Strasb. 1789, in-4°, 135—10 p., cart.

961 — **Université.** — Berger-Levrault, O. Annales des Professeurs des Académies et Universités alsaciennes. 1523—1871. Nancy 1892, gr. in-8°, CCXLV—308 p. et 15 p. de tableaux, br.

962 — — Cuvier. Notice historique sur la Faculté des lettres de Strasbourg, de 1809 à 1859. Strasb. 1859, in-8°, 16 p., br.

963 — — Festschrift zur Einweihung der Neubauten der Kaiser-Wilhelms-Universität Strassburg. 1884. Strassburg 1884, in-4°, VII—151 p., br. Av. 16 pl. photolith. et grav.

964 — — Hugues, d'. Eloge de l'ancienne Université de Strasbourg. Discours prononcé . . . le 16 Août 1855. Strasb. 1855, in-8°, 16 p., cart.

965 — — Knod, Gust. C. Die alten Matrikeln der Universität Strassburg 1621 bis 1793. Strassb. 1897—1902. 3 vol. gr. in-8°, br., non coupés. (Publ. à 50 Mk.)

966 — — Rathgeber, Julius. Statuta Academiae Argentinensis, das ist: Die Gesetze und Ordnungen der alten Universität Strassburg um die Mitte des siebzehnten Jahrhunderts. Karlsruhe 1876. in-8°. 94 p., br.

967 — — Schricker, August. Zur Geschichte der Universität Strassburg. Festschrift zur Eröffnung der Universität Strassburg am 1. Mai 1872. Strassb. 1872, in-8°, 68 p., br. Av. une planche.

968 — — Thèses et Dissertations des personnages suivants: C. H. Boegner (1815) — P. H. G. Boegner (1868) — Ch. Chr. L. Cuvier (1826) — Aug. Dide (1864) — Ch. Kaltenbach (1849) — F. Lichtenberger (1857) — J. D. Linck (1749) — F. R. Mollinger (1734) — Ch. Ch. Alex. Paira (1848) — Ed. Reuss (1825 et 1829) — J. J. Schertz (1711 et 1712) — A. Schillinger (1861) — Ch. Schmidt (1836) — Ferd. Schnée-

STRASBOURG.

gans (1841) — Ad. Aug. Seyboth (1869) — J. Ch. Spielmann (1735) — J. Steeg (1859) — L. Ad. Stoeber (1834) — J. G. Stoesser (1732) — A. Verner (1869) — J. Weiler (1783) — Jac. Wencker (1722 et 1754) — F. F. Würtz (1680) — J. O. Wüst (1839).

969 — **Université.** — Wieger, Dr. Friedr. Geschichte der Medicin und ihrer Lehranstalten in Strassburg vom Jahre 1497 bis zum Jahre 1872. Strassburg 1885, in-4°, XIX—173 p., br. Av. 1 planche.

970 — **Verzeichniss enthaltend die Grundstücke** und ihre Besitzer gelegen in der Stadtgemeinde Strassburg in Bezug auf die Stadt-Erweiterung, mit den zugehörigen Auszügen aus d. Orig.-Kataster. Strassb. 1880, in-fol., 160 p. autogr., cart. Av. grand plan col. de la ville (Bebauungsplan), sur toile, plié in-4°.

971 — **Vorprojekt zu einer Wasserversorgung** von Strassburg. Strassburg 1875, in-8°, 95 p., br. Av. un plan.

972 — **Winckelmann, O.** Zur Erklärung der Strassennamen in der Neustadt Strassburgs. Strassb. 1903, in-8°, 60 p., br.

973 — **Vue d'ensemble. — vers 1760.** — „Argentina, versus septentr." Barbier inv., Johannes Striedbeck del. et sculps. Argent. Av. amoiries, fig. allégor. et 6 petits plans des divers agrandissements de la ville, av. la mention: „Incrementa urbis". Dans la marge du bas sont énumérés, en 31 Nos, les églises, les édifices publics et les portes, (en latin). (Pl. de „Schoepflin, Alsatia illustrata", 1752—1763). Gr. in-fol. obl., à pet. marges.

974 — **Vues intérieures.** — Maison Kammerzell. Ferd. Reiber del. et sc., Zincogr. E. Hubert & E. Haberer. In-fol., fond teinté, av. marges. (2 exempl.)

975 — — Oeuvre Notre-Dame. Photogr., pet. in-fol. obl., montée sur carton blanc.

976 — — Vue Prise d'un Lavoir sur la rivière d'ill à Strasbourg. Gosse 1822, Lith. de G. Engelmann. In-4°, av. marges.

977 — — Vue prise du côté du faux-rempart vers les prisons, à Strasbourg. **Gravure coloriée** de Jean Hans. Lég. manuscrite. Gr. in-fol. obl., av. marges.

978 — — Strasbourg. Vue prise des Ponts couverts. Dessiné d'après nat. et lith. par A. Maugendre. Gr. in-fol. obl., color., à gr. marges (déchirure dans celle du haut). (Pl. des „Chemins de fer de l'Est").

979 — — Quai Saint-Jean. Paul Reiber del. et sc. L. Faessel aquafort., impr. E. Hubert & E. Haberer. In-fol. obl., fond teinté, à gr. marges.

980 — — Salle de Spectacle et Ecole d'Artillerie. Gravé sur acier p. Wagner. Atelier de grav. d'E. Simon. In-18 obl., à tr. grandes marges.

981 — — Entwurf des Bezirkspräsidiums zu Strassburg, von Stadtarchitekt G. Conrath, 1884. In photogr. Reproduction auf grauem Carton. In-fol. obl.

982 **Strobel, A. W.** Vaterländische Geschichte des Elsasses, von der frühesten bis auf die gegenwärtige Zeit. Strassb. 1841—1849. 6 vol. in-8°, demi-rel. veau.

983 **Strobel, Adam-Walther.** — Discours prononcés aux obsèques de Mr A.-W. Strobel, Professeur au Gymnase protestant de Strasbourg, décédé le 28 Juillet 1850. Strasb. 1850, in-8°, 28 p., br.

984 **Stuber, Jean-Georges.** — Baum, Joh. W. Johann Georg Stuber, der Vorgänger Oberlin's im Steinthale und Vorkämpfer einer neuen Zeit in Strassburg. Strasb. 1846, in-12, 184 p., demi-rel. chagr.

985 **(Stupfel).** Considérations sur les droits particuliers et le véritable intérêt de la province d'Alsace, pour servir d'éclaircissement à l'Assemblée Nationale. Strasbourg 1789, in-8°, VI—198 p., cart.

986 **(Stupfel).** Archives d'Alsace, ou Recueil des actes publics concernans cette province pour servir de pièces justificatives aux Considérations et aux Questions d'Etat sur la même province. S. l. 1790, 415 p., cart. Les 2 réunis en 1 vol. in-8°, cart.

987 **Sturm, Jean.** — Schmidt, Charles. La vie et les travaux de Jean Sturm, premier recteur du Gymnase et de l'Académie de Strasbourg. Strasbourg 1855, in-8°, VIII-336 p., demi-rel. toile. Av. portr.

988 — **Portrait.** — J. Sturm. In-8°, buste, en méd. ov. J. D. Beyer fecit, lith. de Engelmann. (Planche de la „Galerie alsac.") Av. marges.

989 **Sundhoffen.** — Exposé des faits du proces entre l'église évangélique de Sundhoffen et l'église cathol. du même lieu. Strasb. 1844, in-8°, 12 p., br.

990 **Tanviller.** — Castex, Maurice de. Histoire de la Seigneurie lorraine de Tanviller-en-Alsace. Avec 8 eaux-fortes. Paris 1886. 1 vol. in-16, demi-rel. toile.

991 **Thann (Arrondissement de).** — Stehle, Dr. Orts-, Flur- und Waldnamen des Kreises Thann im Oberelsass. 2e édition. Strassburg 1887, gr. in-8°, 48 p., br.

992 **This, Constant.** Die deutsch-französische Sprachgrenze im Elsass. Strassb. 1888, in-8°, 48 p., br. Av. 1 carte. (Heft 1 der „Beiträge zur Landes- und Volkeskunde von Elsass-Lothringen").

993 **Touchemolin, Alfred.** Handzeichnungen. Strassburg, s. d. 18 planches. In-4°, cart.

994 — Le Régiment d'Alsace dans l'Armée française. Illustré de 100 dessins par l'auteur, dont 6 pl. col. à l'aquarelle. Paris 1897, pet. in-4°, 167 p., br.

995 **Toul.** — **Plan.** — Toul oder Tul. Légende allem. (Pl. 174 d'un ouvrage allem.) Grav. sur cuivre, pet. in-fol. obl., av. marges.

996 — **Vue.** — Toul oder Tul. Eine von denen Dreyen . . . Reichs Stætten in Lothringen. Lég. allem. (Pl. 169 du même ouvrage). Grav. sur cuivre, pet. in-fol. obl., av. marges.

997 **Touriste en Alsace (Le).** — **Der Wanderer im Elsass.** Journal hebdomad. ill., publié par F. X. Sailé. Années 1, 2, 3, 5, 6 et 7. Colmar 1888 à 1895. 6 vol. in-4°, br.

998 **Trimlingen.** — Schlosser, H. Das abgegangene Dorf Trimlingen im eigentlichen Eichelthale. („Bausteine z. Els.-Lothr. Geschichte u. Landeskunde, H. VII"). Zabern 1903, pet. in-4°, X—65 p., br.

999 **Trois-Epis.** — Beuchot, J. Notre-Dame des Trois-Epis dans la Haute-Alsace. Rixheim 1891, in-8°, X—162 p., br. Av. 6 phototyp.

1000 — Stoeber, Aug. Drei-Aehren im Ober-Elsass. Gedichte. Mülhausen 1873, in-12, 74 p., br. (2 Exempl.)

1001 — **Vues.** — Trois vues **dessinées au crayon**, par D. Baltzer 1866 et 1873. Pet. in-fol. obl.

1002 **Türckheim, Guillaume de.** — **Portrait.** — Guillaume de Türckheim. Lith. p. Ch. Aug. Schuler 1831, d'après une aquarelle de Jean Guérin 1822, Impr. Lith. de Simon P. et F. In-4°, buste à gauche, en uniforme, dans un ovale encadré. A gr. marges.

1003 **Türckheim, Jean-Frédéric de.** — Braun & Kratz. Discours prononcés le 13 décembre 1850 sur la tombe de M. Frédéric de Türckheim, Président honoraire du Consistoire général de l'Eglise de la Confession d'Augsbourg, anc. Maire de la ville de Strasbourg. S. l. ni d. in-8°, 11 p., br.

1004 **Türckheim, Guillaume-Rodolphe de.** — Dietz (Pasteur). M. Rodolphe de Türckheim. Notice nécrolog. (Extr. des „Bull. de la Soc. des Sciences . . . de la Basse-Alsace"). Strasb. 1890, in-8°, 8 p., br.

1005 **Turckheim.** — **Vue.** — Lithogr. in-8° obl., non signée, sans marges.

1006 **Turenne.** — Choppin, Henri. Campagne de Turenne en Alsace, 1674—1675. (Extr. du „Spectateur milit.) Paris 1875, in-8°, 105 p., demi-rel. toile.

1007 **Turquestein.** — Lepage, Henri. Les seigneurs, le château, la châtellenie et le village de Turquestein. (Extr. des „Mémoires de la Société d'Archéol. lorr.") Nancy 1886, in-8°, 92 p., br. Avec figures, plan et carte.

1008 **Ungersberg.** — **Vue.** — Maison de Chasse de M. le Bon Hallez dép., près de l'Ungersberg. Th. Müller lith. Lith. de Simon fils à Strasbourg. (Pl. des „Vues du Ban de la Roche"). In-fol. obl., à gr. marges.

1009 **Verdun.** — **Plan.** — Uerdun. Lég. allem. G. Bodenehr fec. et exc. Aug. Vind. In-8° obl., av. marges. (Pl. 188 d'un ouvr. allem.)

1010 — **Vue.** — Verdun. Eine von denen Dreyen . . . Stätten in Lothringen. Lég. allem. G. Bodenehr fec. et exc. A. V. Gr. in-8° obl., av. marges. (Pl. 178 du même ouvrage que le Plan précédent).

1011 **Verny, Edouard.** Sermon pour l'ouverture solennelle de la session du Consistoire supérieur de l'Eglise de la Confession d'Augsbourg, prononcé jusqu'à la péroraison, le 19 oct. 1854, à l'Eglise St.-Thomas, à Strasbourg, et interrompu par la mort de l'orateur en chaire. Strasbourg 1854, in-8°, 28 p., br.

1012 **Véron-Réville.** Essai sur les anciennes juridictions d'Alsace. Colmar 1857, gr. in-8°, XV—248 p., demi-rel. toile.

1013 — Le Régime colonger en Alsace, d'après les derniers documents. Metz 1866, in-8°, 96 p., demi-rel. chagr. (Rare).

1014 **Vieux-Thann.** — Straub, l'abbé A. L'Eglise de Vieux-Thann. Strasbourg 1875, gr. in-8°, 20 p., br. Av. 1 pl. chromolith. (Tiré à 300 expl.)

1015 **Vosges.** — Bazelaire, Edouard de. Promenades dans les Vosges, Souvenirs et Paysages. Paris 1838, in-4°, 84 p., demi-rel. mar. rouge. Av. 20 pl. lith., tirées sur pap. de Chine. (Taches de rousseur).

1016 — Bellel, J. J. Les Vosges. Vingt dessins d'après nature, lithographiés par J. Laurens. Texte descriptif par Théophile Gautier. Paris 1860, gr. in-fol., demi-rel. chagr.

1017 — Bleicher, G. Les Vosges, le sol et les habitants. Av. 28 coupes, profils et figures dans le texte. Paris 1890, in-16, 320 p., demi-rel. perc.

1018 — Bouvier, Félix. Les Vosges pendant la Révolution. 1789—1795—1800. Nancy 1885, in-8°, XVI—520 p., demi-rel. perc. Av. 1 portr.

1019 — Boyé, Pierre. Les Hautes-Chaumes des Vosges. Etude de Géographie et d'Economie historiques. Av. 3 planches. Nancy 1903, in-8°, 432 p., br.

1020 — Cuvier, L. Promenades dans les Vosges. 15 planches lithogr., sur papier fort gris-bleuté. Montbéliard, s. d. (1886), gr. in-fol., dans le carton orig.

1021 — Engelhardt, Christian-Moritz. Wanderungen durch die Vogesen. Strassb. 1821, in-8°, VI—108 p., br. Av. vue du Haut-Kœnigsbourg.

1022 — — Même ouvrage. Demi-rel. chagr. rouge.

1023 — Fournier, A. Les Vosges. Du Donon au Ballon d'Alsace. Illustr. par V. Franck. Paris, s. d., in-4°, V—686 p., demi-rel. chagr.

1024 — Ganier, Henry, et Jules Froelich. Voyage aux Châteaux historiques des Vosges septentrionales. Paris 1889, gr. in-8°, VIII—511 p., demi-rel. perc. Avec 207 dessins originaux, un frontispice colorié et une carte.

1025 — Hartmann, B. Panorama der Vogesen. — Panorama des Vosges. Strasb.-Mulh. (1898), long d'env. 3 m., plié in-8°, cart.

1026 — Koechlin-Schlumberger, J., et Schimper, W. Ph. Le terrain de transition des Vosges. Strasb. 1862. 1 vol. in-4°, cart. Avec figures dans le texte et 30 grandes planches coloriées. (Extrait des „Mémoires de la Société des Sciences natur. de Strasbourg"). Rare et recherché.

1027 — Wagner, Emile. Ruines des Vosges. Etapes d'un Touriste. Av. 100 pl. phototypiques. Strasb. 1900, in-4°, III—396 p., rel. toile orig., fers spéc.

1028 **Waldbach. — Vue.** — Waldbach, av. la Maison d'Oberlin. Lith. par Th. Müller, Lith. de Simon fils. (Pl. des „Vues du Ban de la Roche"). Pet. in-fol. obl., à pet. marges.

1029 **Wangen. — Vue.** — Porte inférieure de Wangen. Eissen del., A. Stahl sc. In-18, à pet. marges.

1030 **Wangenbourg.** — Fischer, Dag. Wangenburg, Freudeneck, Schacheneck & Haselburg. Histor.-topogr. dargestellt. Zabern 1875, in-12, 32 p., br.

1031 **Wasselonne.** — Fischer, Dag. Das ehemalige Amt Wasslenheim. Strassburg 1871, in-8°, 55 p., br. (2 exempl.)

1032 **Weckerlin, J. B.** Chansons populaires de l'Alsace. (Les Littératures popul., T. XVII et XVIII). Paris 1883. 2 vol. in-18, CXXIII—334—376 p., sur pap. de Hollande, cart. toile rouge orig., non rognés.

1033 **Wencker, Jac.** Dissertatio de Pfalburgeris . . . accesserunt Disquisitiones duae de Usburgeris et Glevenburgeris. Argentorati 1698. 1 fort vol. pet. in-4°, pl. rel. veau anc. (Ouvrage recherché).

1034 — Apparatus et instructus Archivorum ex usu nostri temporis, vulgò Von Registratur und Renovatur. Argentorati 1713, pet. in-4°, 477 p., plus l'index, br.

1035 — Collecta Archivi et Cancellariae jura. Argentorati 1715, pet. in-4°, 821 pl., plus l'index, rel. parch.

1036 **Wenning, Joh. Fr.** Auswahl aus den hinterlassenen Gedichten. Auf dessen testamentarisch ausgesprochenen Wunsch besorgt von Aug. Stoeber. Mülhausen 1879, in-8°, VII—188 p., br. Av. portrait.

1037 **Wentzel, Fr. — 5 Portraits:** „Dr. Martin Luther". — „Catherina von Bora". — „Ph. Melanchthon". — „Johann Calvin". — „Ulrich Zwingli." Lith. de Fr. Wentzel à Wissembourg. In-fol., à gr. marges.

1038 **Westercamp, C. E. — Portrait.** — C. E. Westercamp, Représentant du Peuple (Bas-Rhin). In-fol., à mi-corps, assis, épr. sur Chine. A. Collette, impr. Kaeppelin et C°, av. marges. (Pl. de l'„Assemblée Nationale").

1039 **Wihr-en-Plaine.** — Herrenschneider, E. A. Versuch einer Ortsgeschichte von Weier auf'm Land. Colmar 1890, in-8°, 86 p., br. Av. 2 planches lith. et quelques figures. (2 exempl.)

1040 **Wildenstein. — Vue.** — Vue du Château de Wildenstein. Bichebois d'après le croquis de Mr Chapuy. Lith. de Engelmann. (Pl. de „Golbéry et Schweighaeuser"). In-fol., av. marges.

1041 **Wilgotheim.** — Martin. Mémoire pour les communes de Wilgotheim, Dürningen et Friedolsheim, contre les Hospices civils de Strasbourg, etc. Strasb. 1828, in-4°, 62 p., br.

1042 **Winckler, Théophile Frédéric. — Portrait.** — Th. Fr. Winckler. Né à Strasbourg en 1771, mort à Paris en 1807. In-8°, buste, profil à droite. Cless del., Mecou Sculp. A toutes marges.

1043 **Wissembourg.** — Boell, Balthasar. Der Bauernkrieg um Weissenburg. Anno 1525. Nach einem bei dem Brande der Strassburger Bibliothek im Jahre 1870 zu Grunde gegangenen Manuscript. Weissenburg 1873, in-8°, 130 p., demi-rel. toile.

1044 — Hepp, Edg. Wissembourg au début de l'invasion de 1870. Récit d'un sous-préfét. Nancy 1887, in-8°, VIII—118 p., demi-rel. toile.

1045 — Rheinwald, J. L'abbaye et la ville de Wissembourg, avec quelques châteaux-forts de la Basse-Alsace et du Palatinat. Monographie historique. Wissembourg 1863, in-8°, XIX—509 p., demi-rel. perc.

1046 — **Plan.** — Plan de l'Attaque des lignes de la Lautter le 5 Juillet 1744 par les Armées Imperialle et Françoise. Weis Argent. sc., à Strasb. chez Perrier. Lég. franç. Pet. in-fol. obl., av. marges.

1047 **Witte, Dr. Heinr.** Zur Geschichte der Entstehung der Burgunderkriege. Hagenau 1885, in-4°, 52 p., br.

1048 **Woog, Fr. Ign.** Elsässische Schaubühne, oder historische Beschreibung der Landgrafschaft Elsass etc. Strasb. 1784, in-18, 454 p, cart.

1049 **(Yves, R.)** L'Eloge du célibat. Dialogue en vers. (De la „Bibliothèque de l'Académie du dimanche de Colmar"). Colmar 1860, in-8°, 16 p., br.

1050 — **Portrait.** — Renaud Yves, né à Colmar le 12 Janv. 1804, Procureur gén. près la Cour d'Appel de Colmar. In-4°, buste, 3/4 à droite, fond teinté. Lith. d'après nat. par Ch. Bazin, imp. Lemercier, E. Desmaisons direxit. A gr. marges. (Pl. de l'„Assemblée Nat., Galerie des Représentants du Peuple, 1848").

1051 **Zix, Benjamin.** — **Gravures.** — Vue perspective de la Salle de Spectacle de Strasbourg, construite d'après les projets de Mr Robin Ingénieur. Dessiné par C. Wissant. In-8°, à gr. marges. (La planche porte la remarque suivante au crayon: „par Zix! qui réclame dans les journaux contre l'apposition du nom de Wissant").

1052 — — Auf dem Plœnel: maison habitée par Zix en 1806. Bon P. R. de Schauenburg 1859. Photogr. de E. Stribeck. (Gravure extr. du „Mirliton"). In-8° obl., à pet. marges.

1053 — **Portraits.** — Zix jeune. A mi-corps, 3/4 à dr., en méd. rond. D'après un portrait fait par lui-même. Photogr. en bleu, pet. in-4°. Au dessous, ajoutée, la signature orig. de l'artiste.

1054 — — Benjamin Zix par lui-même. D'après la mignature originale appartenant à Mr G. Kolb. Reprod. et agrandie par Clément Dreyfus. 1883. Buste à droite, en méd. rond. Phototypogr. In-4°, à pet. marges.

1055 — — Benjamin Zix, Peintre, facsimilé d'un dessin fait à la plume par B. Zix lui-même. A mi-corps, profil à gauche, fumant sa pipe. Av. encadrement autogr. p. Mengaud. A pet. marges.

1056 — — — Même portrait, sans l'encadrement. Pet. in-4°, sans marges.

1057 — — — Même portrait. Reprod. photogr. en bleu. In-4°, sans marges. — Reproduction de deux autographes de Benj. Zix (Billets adressés à sa femme). Propriété de M. Georges Kolb. Les deux pièces montées sur une feuille de papier gris in-fol.

1058 — — Zix et son épouse: La Famille Benjamin Zix. Croquis par Zix lui-même. Propriété de M. G. Kolb fils. Th. Siegfried reprod. Lithogr. in-fol., à pet. marges.

1059 — — Zix et son cousin. Portraits-charges, par lui-même: „Ehre sey Gott in der Höh', dem Vetter Zix in Paris, und dem Vetter Schäffer ein Wohlgefallen". Reprod. photogr. en bleu, gr. in-8° obl.

1060 **Zur Erinnerung an das Elsass.** Mit künstler. Beiträgen von F. Bauer, L. Christmann, J. Euting, A. Kœrttgé, etc. etc. Strassb., s. d., gr. in-4°, 27 p. et 13 planches, br.

1061 **Zutzendorff.** — Dareste, R. Mémoire pour le Consistoire de la Confession d'Augsbourg, à Ingwiller, agissant au nom de la fabrique de l'église de Zutzendorff, ... contre les sieurs Hanns, Arbogast, Hieronimus et consorts, et contre le sieur Haag, intervenant. Paris 1846, in-4°, 23 p., br.

Ouvrages non alsatiques.

1062 **Almanach Hachette.** Petite Encyclopédie populaire de la vie pratique. Années 1896—1905, br. et cart. 10 vol. in-12.

1063 **Andree, Richard.** Allgemeiner Handatlas. Ausgabe 1881, nebst Supplement in 4 Abtheilungen. Bielefeld. In-fol., rel. orig., dos chagr. plats toile.

1064 — Allgemeiner Handatlas, Ausg. 1893, in 48 Lieferungen, nebst Supplement v. 1898, in 4 Abteilungen. Bielefeld. In-fol., av. emboîtage orig. ajouté.

1065 **Atlas ancien** (17e siècle) de 20 cartes in-fol. double, en partie color., de N. Blancard, N. Visscher, Ph. Cluver et F. de Witt. Sans titre. 1. vol. in-fol., cart.

1066 **Balzac, H. de.** Oeuvres complètes illustrées. Av. nombr. eaux-fortes. Paris, Paul Ollendorff, 1901—1902. 50 vol. in-8°, dont 41 en demi-rel. amat. bleue, têtes dorées, tranches ébarbées, et 9 en vol. brochés. (Superbe exemplaire).

1067 **Behrend, J. Fr.** Lex Salica, nebst den Capitularien zur Lex Salica. Berlin 1874. 1 vol. in-8°, demi-rel. toile.

1068 **Bernard, T. N.** De l'Influence des Lois sur la Répartition des Richesses. Paris 1874. 1 vol. in-8°, broché.

1069 **Club Alpin Français.** — Annuaires: 1893, 1896, 1899, 1901, 1902 et 1903. Paris. 6 vol. in-8°. br.

1070 — Bulletin mensuel:
1891—1897, en 7 vol. demi-rel. basane.
1898—1901, en 4 vol. brochés.
1902—1904, en numéros. (1904, N° 4 manque).

1071 — La Montagne. Revue mensuelle. 1905 (br.) et 1906, Nos 1, 2, 4 à 8.

1072 — Section des Hautes-Vosges. (Epinal-Belfort). Bulletins Nos 5 à 14 (1892—1904). 10 brochures in-8°.

1073 **Dickens, Charles.**
Household Words. A weekly Journal. T. 16 à 19. London 1857—59: 4 vol. in-8°, cart.
All the Year round. A weekly Journal. T. 1 à 8. London 1859—62: 8 vol. in-8°, cart.

1074 **Domat.** Les Loix civiles dans leur ordre naturel, le Droit public, et Legum Delectus. Nouv. édit. revue . . . par M. de Hericourt. Paris 1745. 1 gros vol. in-fol., demi-rel. parchemin.

1075 **Eccardi, Jo. Georgii,** Leges Francorum Salicae et Ripuariorum, cum additionibus Regum et Imperatorum variis, ex msstis codicibus emendatae, auctae, et notis perpetuis illustratae. Francof. 1720. 1 vol. in-4°, cart.

1076 **Fahlbeck, Pontus-E.** La Royauté et le Droit royal francs, durant la première période de l'existence du Royaume (486—614). Trad. par J. H. Kramer. Lund 1883. 1 vol. in-8°, demi-rel. basane.

1077 **Figaro illustré (Le).** Années 1889 à 1905. Paris. 17 vol. in-fol., demi-rel. basane. (Collection en très bon état).

1078 **Freiesleben, Christ. Henr.** Corpus juris civilis academicum, in suas partes distributum, usuique moderno ita accomodatum . . . . 2 tomes. Coloniae 1759. En 1 vol. in-4°, pl. rel. veau anc.

1079 **Gobler, Justinus.** Dier vier Bücher Institutionum Keysers Justiniani. / Der Jugent / im Keyserlichen Rechten zum anfang vnd vnderweisung geschrieben. Franckfurt a. M. 1557. (Ohne Titelblatt). — Des aller durchleuchtigsten / grossmechtigsten / vnüberwindlichsten Keyser Karls des Fünfften . . . peinlich Gerichtsordnung. . . . Anno 1559. Franckfurt a. M. 1562. — Les 2 ouvrages en 1 vol. pet, in-fol., br.

1080 **Goldenberg, G.** Libre Echange et Protection. Paris 1847. 1 vol. in-8°, broché.

1081 **Guizot.** Mémoires pour servir à l'Histoire de mon temps. Paris 1859—1875. 8 vol. in-8°, demi-rel. chagr.

1082 **Havard, Henry.** L'Art dans la Maison. (Grammaire de l'Ameublement). 4e édit. Paris, s. d., in-4°, demi-rel. basane. Nombr. grav. et planches.

1083 **Heineccii, Jo. Gottlieb,** ic. et Antecessoris elementa juris civilis secundum ordinem institutionum commoda auditoribus methodo adornata cum animadversionibus Jo. Georg. Estor. Giessae, Jo. Ph. Krieger, s. d. 1 vol. in-16, cart. (Av. beaucoup de notes manuscr.)

1084 **Henry, Victor** (de Colmar). 7 brochures diverses, de droit et de linguistique, des années 1872—1896.

1085 **Hess-Album.** Zwölf Photographien, nach Originalen. Basel, s. d. In-fol., cart. orig.

1086 **Hess, David.** Die Badenfahrt. Zürich 1817. 1. vol. in-8°, br. Avec illustrations.

1087 **La Fontaine, J. de.** Fables choisies, mises en vers. Nouvelle édition gravée en taille-douce. Les Figures par le Sr Fessard. Le Texte par le Sr Montulay. Paris 1765—75. 6 vol. in-8°, front., 244 vign. et 226 culs-de-lampe. Pleine rel. veau marbré, tranches dorées.

1088 **Oncken, Wilhelm.** Allgemeine Geschichte in Einzeldarstellungen. 4 Hauptabteilungen, nebst Namen- und Sachregister. Complettes Werk in 46 Halbfranzbänden geb. Berlin 1879—1893.

1089 **Ragueau, Franç.** Glossaire du Droit françois. Revu, corrigé, augmenté... par Eusèbe De Laurière. Nouv. édit. Niort 1882. 1 vol. in-4°, demi-rel. basane.

1090 **Revue politique et littéraire.** Revue Bleue. Années 1873 à 1905, (incplt. de 1873I, 1881I et 1882I-II). Paris. 62 vol. brochés.

1091 **Sachssenspiegel** / Corrigirt auffs New / Nach dem Inhalt der Alten / Waren / Corrigirten Exemplarn vnd Texten, durch Ioannes Gigas. Leipzig, N. Wolrab, 1539. 1 vol. in-fol., pl. rel. veau anc.

1092 **Scott, Walter.** Oeuvres. Trad. Defauconpret. 20e édit. Paris, Furne, 1848—1851. 20 vol. in-8°, demi-rel. basane. Av. planches grav. sur acier.

1093 **Tardieu, P.** Atlas géographique, statistique et progressif des Départemens de la France et de ses colonies. Paris, s. d. 1 vol. in-fol. obl., demi-rel. veau.

1094 **Tobler, J. K.** Die Schule des Lebens. Mit dem Bildniss des Verfassers. Brugg 1874. 1 vol. in-12, broché.

1095 **Zeitschrift des Deutschen und Oesterreichischen Alpenvereins:**
Jhrg. 1887—1893 (Bd. 18—24), her. v. Joh. Emmer. In-8°.
" 1895—1905 (Bd. 26—36), her. v. H. Hess. In-4°.
Zusammen 18 Bde., br.

Supplément.

1096 **Revue Alsacienne Illustrée. — Illustr. Elsässische Rundschau.** Années III à IX. Strasb. 1901 à 1907. En livraisons.

1097 **Tableaux.** — Deux Paysages, av. Forêts, Lac et Montagnes. 2 toiles signées **P. Ruttner,** av. cadres dorés. Larg. 0,47; haut. 0,65.

1098 — Une Vision. (Sujet catholique). Toile, non signée, av. cadre doré. Larg. 0,80; haut. 1,33.

1099 **Quelques Monnaies.**

Bulletin de commission. — Auftrags-Zettel.

Veuillez acheter pour mon compte à la vente Henri Ott, au mieux et jusqu'à concurrence des prix indiqués (les frais et droits de commission non compris), les articles mentionnés ci-dessous.

Sie wollen für mich und meine Rechnung unter den vorgedruckten Auktionsbedingungen auf der Versteigerung der Bibliothek Henri Ott, möglichst billig, folgende Nummern erwerben; meine Preisgebote gelten als Höchstgebote (ohne Auktions- und Provisionskosten).

Name: (bitte deutlich) Nom: (bien lisible) Adresse:

Numéros du catalogue Katalog-nummern	Titres (les premiers mots seulement) Titel (nur die ersten Worte)	Limite Höchstgebot

Avis essentiel: *Pour le cas où vous me remettez votre ordre, sans fixer de limites, veuillez, pour ma gouverne, vous servir des marques suivantes:*

† : *ouvrages auxquels vous n'attachez qu'un intérêt secondaire.*

†† : *ceux auxquels vous vous intéressez davantage, sans toutefois dépasser les prix courants.*

††† : *ceux que vous tenez à obtenir à tout prix.*

Numéros du catalogue Katalog-nummern	Titres (les premiers mots seulement)	Titel (nur die ersten Worte)	Limite Höchstgebot

www.ingramcontent.com/pod-product-compliance
Ingram Content Group UK Ltd.
Pitfield, Milton Keynes, MK11 3LW, UK
UKHW021644260726
13994UKWH00003B/1269

9 782329 368979